陈明星／主编  系列丛书

销售经理日常工作细节

SALES MANAGER DETAILS OF DAILY WORK

农梅珍／编著

北 京

图书在版编目（CIP）数据

销售经理日常工作细节 / 农梅珍编著 .
—北京：中国经济出版社，2018. 7
ISBN 978 - 7 - 5136 - 5207 - 0

Ⅰ. ①销… Ⅱ. ①农… Ⅲ. ①企业管理—销售管理 Ⅳ. ①F274

中国版本图书馆 CIP 数据核字（2018）第 102819 号

策划编辑 伏建全
责任编辑 孙喆浩 赵立颖
责任印制 马小宾
封面设计 华子图文工作室

出版发行 中国经济出版社
印 刷 者 北京力信诚印刷有限公司
经 销 者 各地新华书店
开 本 710mm × 1000mm 1/16
印 张 17
字 数 220 千字
版 次 2018 年 7 月第 1 版
印 次 2018 年 7 月第 1 次
定 价 48. 00 元
广告经营许可证 京西工商广字第 8179 号

中国经济出版社 网址 www. economyph. com 社址 北京市西城区百万庄北街 3 号 邮编 100037
本版图书如存在印装质量问题，请与本社发行中心联系调换（联系电话：010 - 68330607）

编辑委员会

前 言

无论市场如何变化，盈利模式如何改变，都离不开具有战斗力的销售团队。销售部门的水平决定公司的长远发展，销售经理的管理工作，将直接影响销售业绩及公司的美誉度。所以，销售经理工作水平的高与低，决定销售业绩的好与坏。

工作中，最令人头疼的是出现工作失误，一旦出现失误，就会造成较大的损失与不良影响。出现工作失误的实质原因，是对某项工作细节点的疏漏，也就是做事不到位。而对细节点的忽略，主要是对某项工作的模糊、不确定，或者经验不足，正是这些因素决定了一个经理人工作水平的高与低。

本书以“经理人日常工作细节”为主题展开，全方面定义每一项工作的关键要点，并进行详细描述。这必将有效改善目标读者的工作质量，减少工作失误。同时，也为广大部门经理人全面提升工作水平提供可借鉴的学习读本。

本书以“销售经理日常工作细节”为主题，对每项工作、每个工作细节都进行了较为详细的介绍。

本书在写作过程中，参阅了大量的资料，并得到工作伙伴们的大力支持和帮助，在此对编委会老师常永楠、刘中洋、孙红丹、唐海燕、田苗、郑宇、朱慧俐、罗礼华、施中狱、郭汉尧、刘贤华、梅凤华、范敦海、朱刚、何泽明、温彩风、袁公明、聂超军、宋劝其、杜启龙、杨莎莎、徐小花、颜阳、农梅珍，一并表示感谢。

目　录

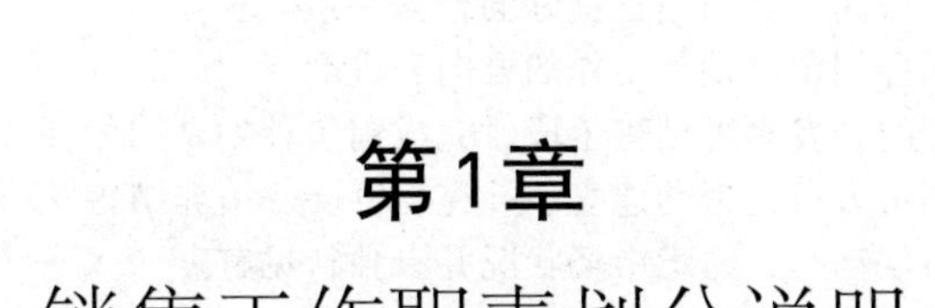

第1章

销售工作职责划分说明

1.1 销售总监职位描述（表1－1）

表1－1　销售总监职位描述

<table>
<tr><td colspan="2">直接上级：总经理
直接下级：销售部经理</td></tr>
<tr><td>岗位职责</td><td>1. 协助总经理建立全面的销售战略。
2. 制定并组织实施完整的销售方案。
3. 与客户、同行业间建立良好的合作关系。
4. 引导和控制市场销售工作的方向和进度。
5. 组织部门开发多种销售手段，完成销售计划及回款任务。
6. 管理销售人员，帮助建立、补充、发展、培养销售队伍。
7. 掌握市场动态，熟悉市场状况并有独特见解。
8. 有效管理全国经销商。
9. 主持公司重大营销合同的谈判与签订工作。
10. 协助处理大客户投诉，跟踪处理投诉结果，并进行客户满意度调查。
11. 进行客户分析，建立客户关系，挖掘用户需求。
12. 深入了解本行业，把握最新销售信息，为企业提供业务发展战略依据。
13. 完成总经理临时交办的其他任务</td></tr>
<tr><td>任职资格</td><td>1. 管理、市场营销等专业本科以上学历。
2. 8年以上销售、市场营销管理工作经验。
3. 受过战略管理、战略市场营销、管理技能开发、组织变革管理、合同法、财务管理等方面的培训。
4. 熟悉现代管理模式，熟练运用各种激励措施；有丰富的市场营销策划经验，能够识别、确定潜在的商业合作伙伴，熟悉行业市场发展现状；具有优秀的营销技巧，较强的市场策划能力和运作能力；具备良好的口头及书面表达能力。
5. 工作细致、严谨，并具有战略前瞻性思维；具有较强的管理能力、判断和决策能力、人际沟通协调能力、计划与执行能力；具备优秀的市场拓展、项目协调、谈判能力；具有高度的工作热情和责任感</td></tr>
</table>

1.2 销售部经理职位描述（表1-2）

表1-2 销售部经理职位描述

<table>
<tr><td colspan="2">直接上级：销售总监
直接下级：销售助理、大区经理、店面经理、渠道经理、销售统计员</td></tr>
<tr><td>岗位职责</td><td>1. 根据全国区域市场发展和公司的战略规划，协助销售总监制定总体销售战略、销售计划及量化销售目标。
2. 制定全年销售费用预算，完成公司下达的销售任务。
3. 制定销售额、市场覆盖率、市场占有率等各项评价指标。
4. 分解销售任务指标，制定责任、费用评价办法。
5. 制定、调整销售运营政策。
6. 组织、领导销售队伍完成销售目标，协调处理各类市场问题。
7. 汇总、协调货源需求计划以及制订货源调配计划。
8. 协调销售关系。
9. 调整销售区域布局及业务评价</td></tr>
<tr><td>任职资格</td><td>1. 市场营销专业或相关专业本科以上学历。
2. 5年以上企业销售管理工作经验。
3. 受过市场营销、产品知识、产业经济、公共关系、管理技能开发等方面的培训。
4. 对市场营销工作有较深刻的认知；有良好的市场判断能力和开拓能力，有极强的组织管理能力；熟练操作办公软件；具有优秀的英语听、说、读、写能力。
5. 正直、坦诚、成熟、豁达、自信；有高度的工作热情，良好的团队合作精神；较强的观察力和应变能力</td></tr>
</table>

1.3 销售助理职位描述（表1-3）

表1-3 销售助理职位描述

<table>
<tr><td colspan="2">直接上级：销售部经理
直接下级：大区经理、店面经理、渠道经理、销售统计员</td></tr>
<tr><td>岗位职责</td><td>1. 协助销售部经理和销售人员输入、维护、汇总销售数据。
2. 进行成本核算，提供商务报表及部门销售业绩的统计、查询、管理。
3. 依据统计整理的数据资料，向主管提交参考建议与方案，用于改善经营活动。
4. 整理公司订单，合同的执行并归档管理。
5. 协助公司做好售后服务工作。
6. 内部收支、往来账核对等账目处理。
7. 接待来访客户及综合协调日常行政事务</td></tr>
<tr><td>任职资格</td><td>1. 市场营销或相关专业大专以上学历。
2. 1年以上相关工作经验。
3. 受过市场营销、财务知识、合同管理等方面的培训。
4. 对市场营销工作有较深刻的了解；了解统计软件的使用；熟练操作办公软件和办公自动化设备。
5. 坦诚、自信，高度的工作热情；有良好的团队合作精神，有敬业精神；较强的观察力和应变能力，良好的判断力和沟通能力</td></tr>
</table>

1.4 大区经理职位描述（表1-4）

表1-4 大区经理职位描述

直接上级：销售部经理 直接下级：办事处经理	
岗位职责	1. 参与公司市场营销策略的制定。 2. 执行公司营销策略并对区域市场开拓进行策划。 3. 制订本区域营销计划、分解销售目标。 4. 提供市场趋势、需求变化、竞争对手和客户反馈方面的准确信息。 5. 督导办事处建设及业务开展工作，落实本区域货款的回收。 6. 督导营销总部的销售政策的落实、各项制度的贯彻执行。 7. 控制所辖区域办事处费用开支。 8. 直接参与主持重要客户的业务谈判及成交。 9. 处理客户投诉。 10. 对下属的工作进行评价并协助制订和实施绩效改善计划。 11. 对业务人员进行培训、指导
任职资格	1. 市场营销专业或相关专业本科以上学历。 2. 5年以上企业销售管理工作经验。 3. 受过市场营销、管理技能开发、财务知识、产品知识等方面的培训。 4. 对市场营销工作有较深刻的认知，有良好的市场判断能力和开拓能力；有较强的市场销售经验和市场嗅觉；熟练操作办公软件。 5. 自觉严谨、公正律己、敬业、豁达自信；有高度的工作热情，良好的团队合作精神，较强的观察力和应变能力

1.5 办事处经理职位描述（表1－5）

表1－5 办事处经理职位描述

直接上级：大区经理 直接下级：	
岗位职责	1. 实施公司各项管理制度描述，完成公司订立的销售目标。 2. 反馈市场信息及客户需求意向。 3. 制订办事处季度、月度销售计划和预测计划。 4. 协助公司做好本区域内的展览会、产品推介会等促销活动。 5. 评价办事处业务人员，协助客户维护主管评价售后服务人员，并协助制订和实施绩效改善计划。 6. 监督并控制本办事处业务费用开支。 7. 指导业务人员开展工作。 8. 协调办事处内部业务和售后服务工作。 9. 领导区域内的业务拓展工作
任职资格	1. 市场营销专业或相关专业本科以上学历。 2. 3年以上企业销售管理工作经验。 3. 受过市场营销、管理技能开发、财务知识、产品知识等方面的培训。 4. 对市场营销工作有较深刻的认知，有良好的市场判断能力和开拓能力；有极强的组织管理能力；熟练操作办公软件。 5. 正直、坦诚、成熟、豁达、自信；有高度的工作热情，良好的团队合作精神，较强的观察力和应变能力

1.6 店面经理职位描述（表1-6）

表1-6　店面经理职位描述

直接上级：销售部经理 直接下级：营业代表、导购代表	
岗位职责	1. 洞察周边环境，带领所属人员及时调整销售策略。 2. 组织布置店内的商品布局；保持店面的新颖和变化性。 3. 协调店内的人员，合理安排分工，培养有潜力的员工。 4. 在权限范围内协调与属地政府管理部门的关系。 5. 建立客户资源档案。 6. 定期向上级提交客户状况分析报告
任职资格	1. 市场营销专业或相关专业本科以上学历。 2. 3年以上企业销售管理工作经验。 3. 受过市场营销、管理学、产品知识财务会计基本知识等方面的培训。 4. 对市场营销工作有较深刻的认知；有良好的市场判断能力和开拓能力；有极强的组织管理能力；熟练操作办公软件。 5. 正直、坦诚、成熟、豁达、自信；有高度的工作热情，良好的团队合作精神；较强的观察力和应变能力

1.7 营业代表职位描述（表 1－7）

表 1－7 营业代表职位描述

直接上级：店面经理 直接下级：	
岗位职责	1. 根据柜组下达的各项经济指标，做好商品的销售工作。 2. 掌握所售商品的专业知识，提高业务能力和服务技能。 3. 落实柜组环境、柜台、货架及商品的清洁工作。 4. 美化商品布局和陈列。 5. 做好顾客服务、自觉遵守劳动纪律和服务规范。 6. 做好商品整理、保管、补充和盘点工作。 7. 商品质量的检查、价目卡的核对工作。 8. 认真参加早训、晚训。 9. 及时反馈销售信息。 10. 柜组相关营业用具、小道具的使用、保管和保养。 11. 处理商场安全防盗等突发事件。 12. 完成上司布置的其他工作
任职资格	1. 具有职高（高中）以上文化水平。 2. 具有 1 年以上相关工作经验。 3. 熟悉工作流程，有较好的商品知识和服务技能。 4. 有基本的账务处理能力。 5. 身体健康，品行端正，有较强的责任心和事业心

1.8 导购代表职位描述（表1-8）

表1-8 导购代表职位描述

直接上级：店面经理 直接下级：	
岗位职责	1. 了解企业的经营理念，企业文化以及所销售商品的特点。 2. 学习并掌握一定的销售礼仪与技术。 3. 做好卖场陈列等方面的工作，保持商品与促销用品的摆放整齐、清洁有序。 4. 保持良好的服务心态，创造舒适的购物环境，积极热情地接待顾客，向顾客推荐商品，并帮助其做出恰当的选择。 5. 运用各种销售技巧，营造顾客在卖场的参与气氛，提高顾客的购买愿望，提升卖场的营业额。 6. 通过服务，向顾客展示良好的企业形象，提高企业及品牌的知名度。 7. 及时妥善处理顾客抱怨，收集顾客对商品卖场的意见、建议和期望，并将信息反馈给企业，以帮助企业改善经营策略和服务水平。 8. 收集竞争对手的产品、价格、市场等方面信息，并将信息反馈给企业，为企业的经营决策提供参考。 9. 按照规定完成每日、周、月的报表等填写工作，做好专柜销售记录和定期盘点库存，确保商品账实相符。 10. 提高安全防范意识，加强责任心，确保营业时间专柜货品的安全，严格履行商品防盗抢的职责。 11. 认真清点货品数量，做好每天的交接班工作。 12. 遵守企业的各项管理规定，切实履行企业的各项经营策略，出色完成上级交付的各项工作
任职资格	1. 具有职高（高中）以上文化水平。 2. 1年以上促销及导购工作经验。 3. 五官端正，举止大方，口齿清晰，普通话标准，有较强的沟通能力及亲和力。 4. 有良好的服务意识和销售技巧，责任感强。 5. 形象气质佳、性格开朗、笑容灿烂，正直、敬业，工作积极主动，有团队协作精神

1.9 渠道经理职位描述（表1-9）

表1-9 渠道经理职位描述

<table>
<tr><td colspan="2">直接上级：市场部经理
直接下级：销售代表、电话销售代表</td></tr>
<tr><td>岗位职责</td><td>1. 对“重要客户”进行开拓、沟通与管理，制定合作方案。
2. 执行销售和市场推广方案。
3. 制定渠道策略，提供渠道服务支持。
4. 及时沟通客户，反馈市场信息，做出处理意见。
5. 协助大区经理开拓、沟通和管理各区域的重要客户</td></tr>
<tr><td>任职资格</td><td>1. 市场营销或相关专业大专以上学历。
2. 2年以上的渠道管理经验。
3. 受过市场营销、产品知识方面的培训。
4. 对市场营销工作有所了解；具有良好的渠道客户关系管理能力；熟悉产品市场营销渠道开发和建设业务；熟练操作办公软件。
5. 坦诚自信，高度的工作热情；思路清晰、有良好的沟通技巧和语言表达能力，性格开朗；有良好的团队合作精神及独立工作能力，有敬业精神</td></tr>
</table>

1.10 电话销售代表职位描述（表1-10）

表1-10 电话销售代表职位描述

<table>
<tr><td colspan="2">直接上级：渠道经理
直接下级：</td></tr>
<tr><td>岗位职责</td><td>1. 通过电话及直邮方式开发新客户。
2. 对客户进行回访、调查。
3. 客户数据统计分析</td></tr>
</table>

续表

直接上级：渠道经理 直接下级：	
任职资格	1. 专业不限，大专以上学历。 2. 工作经验不限。 3. 受过市场营销、产品知识等方面的培训。 4. 具有良好的中英文口头表达能力，语言亲和力强；熟悉计算机的基本操作。 5. 工作认真，踏实肯干，主动，胆大心细；头脑灵活，具有很强的应变能力和市场开拓精神，喜欢从事具有挑战性的工作

1.11 销售代表职位描述（表1－11）

表1－11　销售代表职位描述

直接上级：渠道经理 直接下级：	
岗位职责	1. 为所辖区域内零售市场提供专业性支持工作。 2. 在本辖区内建立分销网及扩大公司产品覆盖率。 3. 按照企业计划和程序开展产品推广活动，介绍产品并提供相应资料。 4. 对所管辖的零售店进行产品宣传、入店培训、货品陈列、公关促销等工作。 5. 建立客户资料卡及客户档案，完成相关销售报表。 6. 参加公司召开的销售会议或组织的培训。 7. 与客户建立良好关系，以维护企业形象
任职资格	1. 市场营销或相关专业大专以上学历。 2. 1年以上销售经验。 3. 受过市场营销、产品知识等方面的培训。 4. 熟悉市场营销工作；熟悉零售运作模式；有地区销售网络和销售渠道。 5. 坦诚自信，乐观进取，高度的工作热情；有良好的团队合作精神，有敬业精神；具有独立的分析和解决问题的能力；具有良好的沟通技巧和说服能力，能承受较大的工作压力

1.12 销售统计员职位描述（表1－12）

表1－12　销售统计员职位描述

<table>
<tr><td colspan="2">直接上级：销售部经理
直接下级：</td></tr>
<tr><td>岗位职责</td><td>1. 编制销售月报，为公司制定正确的销售策略提供及时、准确的决策依据。
2. 编制并修改市场部有关文件，以保证销售市场部按照公司的管理模式及质量标准进行工作。
3. 与其他部门协调客户有关技术方面的需求，以保证及时满足客户要求，从而保持和扩大公司的市场份额。
4. 迅速而准确地将订单录入，为公司的运行提供及时和可靠的数据基础。
5. 随时了解客户的变化，配合销售人员的业务工作，保证公司能够及时满足客户的需求</td></tr>
<tr><td>任职资格</td><td>1. 统计、市场营销或相关专业大专以上学历。
2. 1年以上相关工作经验。
3. 受过市场营销、产业经济、财务统计等方面的培训。
4. 对市场营销工作有所了解；熟练掌握统计软件；熟练操作办公软件。
5. 坦诚自信，高度的工作热情；具有团队合作精神</td></tr>
</table>

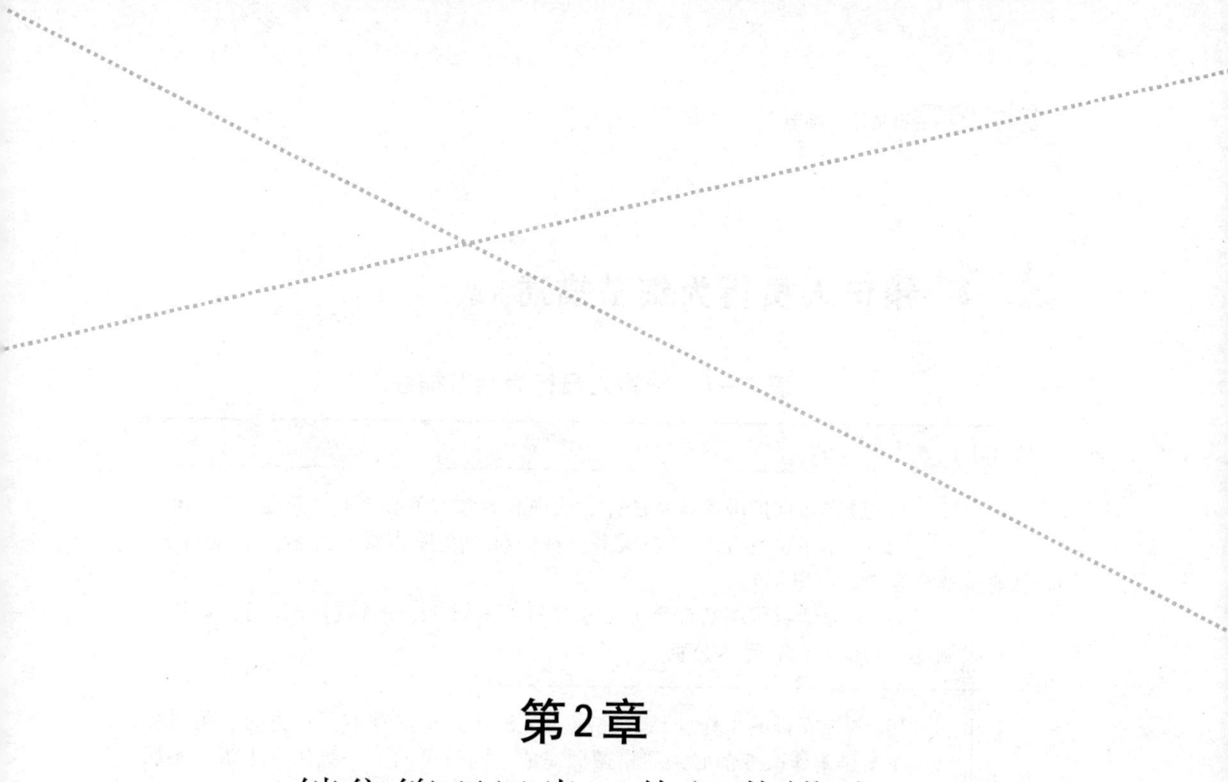

第2章
销售管理日常工作细节描述

2.1 销售人员行为细节描述（表2－1）

表2－1　销售人员行为细节描述

项目	内容
总则	（1）遵守和维护国家各项法律、法规和政策。关心企业，热爱本职工作。 （2）工作主动热情，文明服务，努力维护企业声誉，对客户态度可蔼，尊重客户。不卑不亢。 （3）努力学习，不断提高业务水平和服务技能，严格遵守公司一切规章制度，勤俭节约，爱护公物
服从领导	（1）领导安排的工作应认真完成。对领导的安排有不同意见时，可以提出，在安排未作改变前必须严格遵照完成，同时可向上一级领导申诉。不服从安排者，可对其做出停岗1～3天的处罚；情节严重者直至开除的处罚。 （2）完成工作时若遇特殊情况或克服不了的困难，应立即向领导汇报。因隐瞒事实造成的损失，由当事人全部承担
现场管理规范	（1）遵守作息时间，不迟到，不早退，上岗之前做好准备工作。 销售现场作息时间： 8：00（刊出广告当日提前半小时上班）—18：00（留值班人员值班，值班人员下班时间根据项目具体情况决定，值班人员第二天可9：00上班），特殊情况以临时安排为准。 公司销售经理对现场销售人员进行电话或现场考勤，凡迟到、早退者除按公司规定进行处罚外，公司销售经理还将在每周例会上点名批评并对其进行20～80元的罚款。其罚款标准是：迟到、早退1～30分钟扣款20元，以此类推。迟到、早退超过2小时，以旷工处罚，除按公司规定进行处罚外，公司还将对其进行停岗3天（工资和误餐补助停发），并按每旷工一天罚款的标准处罚。包庇者照此标准进行同样的处罚。 （2）现场销售主管根据工作情况安排轮休，并将轮休安排上报公司销售经理，原则为每周休息一天，周六、周日不安排休息，如有特殊情况，现场销售主管和销售经理有权随时中止轮休，销售人员一律不存假、补假。病假须有区级以上医院证明，事假必须提前申请并经领导同意后方可执行，事假一天以内由现场销售主管审批，三天以内由公司销售经理审批，三天以上由总经理审批。 （3）爱护公司及项目现场的一切设施设备，造成损失照价赔偿。

续表

项目	内容
现场管理规范	（4）坚守工作岗位，认真做好本职工作，工作时精神饱满，不玩忽职守，不得进入与自身工作无关的区域。现场销售主管有权对工作热情不高、精神不佳及离岗者处以停岗 1 天的处罚。 （5）工作时间内不扎堆、闲聊，不嬉笑打闹，不经批准不准会客。违反者可处以停岗 1 天的处罚。 （6）工作时间不吃东西，不听放收、录音机，不谈私事，不饮酒，不做与工作无关的一切事情。上班时间不准睡觉。违反一次，罚款 50 元。 （7）上班时间不得在工作场所吸烟。违反一次，罚款 20 元
仪表、仪容	（1）工作时只能穿工作装，工作装每天保持平整。 （2）工作时只能穿不露趾皮鞋，皮鞋保持清洁光亮。 （3）勤洗头洗澡，保持个人卫生。 （4）一律短发，男员工头发不盖耳，女员工头发不过肩，不得染发。 （5）除结婚戒指以外不佩戴一切装饰物品。 （6）勤剪指甲，不得涂有色指甲油。 （7）男员工工作时间必须打领带。 公司销售经理和公司领导有权对现场销售员的仪表进行督导，如发现仪表不符合规定的，令其立即改正，所耽误时间以事假计算，并处以每次 20 元的罚款
环境卫生	（1）现场销售主管负责安排每天的清洁值日。 （2）维护售房处地面、墙面、门窗及售房处通道的清洁。 （3）售房处内部物品码放整齐，桌面不得堆放报纸、书籍、包等与工作无关的东西，保持桌面清爽、整洁。 （4）保持桌凳摆放整齐，客户走后立即恢复原状。 （5）不随地吐痰、不乱丢废弃物。 现场销售主管可随时对每个现场进行检查，不合格者，对现场责任人处以 50 ~ 100 元的罚款
工作牌	（1）员工当班时必须佩戴工作牌，发现没佩戴工作牌一律罚款 20 元。 （2）工作牌如有遗失，应立即向办公室报告；否则，按未佩戴工作牌处理，补办新工作牌须向公司财务部交工本费人民币 10 元。 （3）员工调动工作或调离时应将有关物品和证件交回办公室，否则不予办理相关的手续

续表

项目	内容
电话礼节	（1）电话铃声一响，必须在两声以内接听。违反一次，对现场销售主管处以20元的罚款。 （2）拿起话机首先用普通话问候："您好，××（项目名称）"。接听电话一律用普通话。违反一次对当事人处以10元罚款。 （3）认真听清对方讲话，电话机旁应常备记事本、笔，作好客户电话记录，如对方要找的人不在，必须问明是否需要留言。 （4）挂断电话时，务必等对方挂断后，再轻轻放下话筒。 （5）工作时间非紧急情况不准打私人电话，打私人电话及接听私人电话每次不得超过两分钟，打私人电话每天不得超过三次。违反一次，对当事人罚款20元
团结协作	（1）同事间应相应尊重、相互帮助、相互理解。 （2）不可背后对上司、客户、同事评头论足，或散布流言蜚语，滋生事端。 （3）经常进行业务切磋。 （4）主动为接待客户的销售员做好协调工作，如倒茶、送资料、补充解释等。 （5）一个销售员在接待客户时，未接待客户的销售员必须认真听取该销售员的介绍，待客户离开后互相讨论，吸取经验，指出不足，提出改正意见
接待礼节	（1）客户来访必须起身迎接。 （2）待客户先入座自己再入座。 （3）入座后必须为客户上茶。 （4）接待过程中，坐姿端正，不可背靠座背。 （5）微笑服务，上班前调整好自己的情绪，不能将个人的不良情绪带入工作中。 （6）接待客户耐心、热情，不可露出不耐烦的态度。 （7）对客人的批评、建议虚心倾听，做好记录，不能处理的及时向上级反映，并跟踪针对此意见的改进措施的落实，将结果告知客户。 （8）陪同客户参观必须给予客户必要的照顾。 （9）必须严格按照销售口径向客户解说，不向客户许下不能完成的诺言。 （10）违反者销售经理及现场销售主管有权中止其对客户的接待，并可对其处以停岗1～3天的处罚

续表

项目	内容
学习规范	（1）平时必须重视本行业的动态，关注每日的相关文章及广告。 （2）熟悉企业各方面情况，熟悉所销售开发项目简况、过程和现行售价等相关内容。 （3）定期进行市场调查，随时了解市场动态变化，上交调查报告。 （4）每月写一则自己的典型案例的详细经过并加以评述。 （5）参加销售部业务学习。 （6）每日一篇销售日记，记录并分析当天的工作状况。 对违反者处以下岗及停职学习处罚
接待规范	（1）每个项目排定销售员接待次序，按次序接待客户。 （2）按次序应接待的销售员不在场时（无论何种原因），由下一位销售员接待，未经主管同意，不得中途更换销售员。 （3）老客户带来的新客户，由老客户指定的销售员接待。 （4）原则上确定客户归属以客户第一次接触的销售员为准，如客户两次以上来访，而第一次接待的销售员不在，客户也未提及曾经来访，两次以上接待的销售员完成销售，销售奖金按一人一半计算
职业道德	（1）销售人员必须严守公司销售策略、销售进度、企划、公司重大决策、管理办法等重大机密。 （2）维护公司利益，维护销售管理中心集体形象，不得为达到个人目的直接或间接牺牲公司利益，严禁将客户介绍到其他公司。 （3）销售过程中讲解做到全面、准确、实事求是，不得恶意隐瞒对客户不利因素夸大有利因素达到销售目的，杜绝任何欺骗行为，克尽职守。 （4）销售人员严禁存在合同一签订、佣金一提取就事不关己的思想，应坚持售前售后一个样。 对违反第一、二条的员工，处以下岗处罚；情节严重者予以辞退，并赔偿因泄密而造成的经济损失，同时追究经济及法律责任。 对违反其他条款者，唯利是图者，合同纠纷多、客户投诉多、人际关系恶劣者，处以下岗处罚。 罚款统一上缴公司财务部，作为公司销售业务费用列支

2.2 销售经理工作细节描述（表 2－2）

表 2－2　销售经理工作细节描述

项目	内容
市场管理	成功的营销模式一定是对外在的环境、企业内部环境和可利用资源配置优良组合，使企业的整体营销力得以提高，从而达到企业既定的目标。 （1）直接、整合、组合是销售管理中最适用的战术。 （2）市场管理：市场是指能够满足人们需求的场所。市场管理是对本行业的运作和发展趋势进行深入的研究，从而将这种规律加以运用和管理。 （3）市场运作的早期主要表现在通路的开拓和营销渠道的建设，每个行业都有行业渠道，每种商品都有固定的消费群体，迅速打通营销渠道使产品直接或间接满足需求者的要求就是市场的最终诉求。当我们找到产品的营销渠道时，这种渠道是不牢固的，必须经常维护，使之趋于成熟和稳固。 （4）市场运作的中期主要表现在情报的收集和根据市场的反应情况做出及时调整，使商品能被更多的消费者接受。营销渠道在现在的市场中与很多品牌是公用的，自己的渠道越宽，商品流和资金流的流通速度就越快。 （5）市场运作的后期主要表现在品牌知名度的树立和满意度的提升。品牌知名度的树立是贯穿在每一阶段的具体工作，品牌体现在每个细节，能否给顾客提供满意的商品，能否体现顾客的需求，当大家对品牌有清楚或模糊的印象，那么品牌的知名度自然就会得到不同程度的提高，品牌知名度的树立需要时间和坚持不懈的努力，满意度主要体现在使顾客的需求得到满足，主要体现在售后服务和商品的后期维护。当产品的差异化越来越小，顾客满意的售后服务就更有竞争力
人员的管理	（1）人员的选拔：企业根据自身发展的阶段和产品的诉求选择各自的人员。优秀的销售人员通常具备下列品质：能承受风险，有强烈的使命意识，善于解决问题，有较强的专业知识。 （2）销售人员的培训：企业培训计划第一部分安排为介绍公司历史和经营目标，组织结构设置和权限的情况，主要的负责人员，公司财务状况和措施，以及主要产品与销售量；产品制造的过程以及它的各种用途；了解本公司和竞争对手的战略和政策；熟悉公司的各项流程和管理制度描述。 （3）销售人员的使用：经过培训和考核，得出销售人员的综合能力，根据每项工作的范围和难易程度，任命不同的人员负责不同的市场。在工作过程中及时调整工作重心和内容。在营销过程中实行第一负责人原则

续表

项目	内容
货品的管理	（1）让货品自由进入渠道，同时保证货品在渠道中的安全，防止丢失。为此很多公司出台不同的管理表格和制度确保安全，加销售日报表、在库表、月末盘点表。 （2）在不同档次和市场定位的商场中，铺设适合消费群体的货品和相应的数量。在有鱼的地方钓鱼，才能有所收获，让利润最大化。 （3）在商场中的货品每天都会流通，那么及时补货，及时调整货品的结构就显得异常重要。根据商场的客流层次和喜好，订出休闲品和正装的比例，货品丰富、种类繁多，顾客可挑选的余地就大，成交的机会也会变多。 （4）新品上市一周后如果时机准确，通过销售数据便可以看出产品是否有竞争力，是否达到当初设计和生产的目的。如果销量很好，而且有上升的趋势，是否进行追加生产；如果不见起色，排除其他因素，认为产品的竞争力较弱，就应该考虑是否调整价格，是否参加促销活动。 （5）当产品滞销以后，为了减轻库存的压力，促进产品的销售，针对产品的促销活动应该分地区做出计划，促销活动的内容可以针对商品，同时应该考虑是否回对品牌形象有负面影响，必须权衡利弊，在品牌形成的不同时期促销活动始终在促进品牌的成熟。关于促销的方法和内容在以后各章有详细说明
营销活动的控制	营销控制的四种方法：年度计划控制，赢利能力控制，效率控制和战略控制。 （1）年度计划控制：其目的在于保证公司实现年度计划中所制定的销售、利润以及其他目标中心为目标管理，第一，公司在年度营销计划中建立月份或者季度目标作为基准点。第二，销售部必须监视在市场上的执行成绩。第三，对任何严重的偏离行为的原因作出判断，第四，必须采取改正行动方案弥补目标和执行实绩之间的缺口。 （2）赢利能力控制：销售部制定全年销售额总数，根据总数决定生产成本，同时依赖以前的各项数据制定费用总额，根据每个月的损益表，制定下月的调整方案，通过减少可控制费用来保证公司财务的赢利能力。 （3）效率控制：第一，销售人员的效率。每次出差的效率，每次沟通的效率，每次培训的效率，每次招待费用的控制。第二，广告效率。每一种媒体类型，每千人的广告成本，消费者对于广告内容和有效性的意见，对于产品态度的事前和事后衡量，激发对产品的询问，每次广告的成本。第三，促销效率。促销活动的销售所占的百分比，赠券的回收率，促销活动的费用。 （4）战略控制：公司必须经常对其整体营销效益做出缜密的评价，将总体战略的实用性和科学性在每个月的销售和损益中清楚地体现出来，将既定的战略执行

2.3 顾客满意度（CS）评估细节描述（表2-3）

表2-3 顾客满意度（CS）评估细节描述

项目	内容
顾客满意及其界定	（1）CS概念里的满意界定。在CS的概念里，顾客满意的“满意”二字有其特殊的界定： 第一，顾客满意是顾客个体的一种心理体验，有鲜明的个体差异。如甲十分满意的产品和服务，乙可能十分不满意。因此，企业不能追求统一的满意模式，而应因人而异，提供有差异的满意服务。 第二，顾客满意必须符合公众道德、国家法律和社会义务。有违于公众道德、国家法律和社会义务的满意行为不是顾客满意的本意。 第三，顾客满意是相对的，没有绝对的满意。因此，企业应不懈地追求，向绝对满意趋近。 （2）顾客满意。顾客满意是指顾客接受有形产品或无形产品后，感到需求满足的状态。这种状态用CSI（顾客满意指标或顾客满意指数）和CSM（顾客满意度）两个标准来度量。CSI是衡量顾客满意程度的量化指标，由该指标可以直接了解企业或产品在顾客心目中的满意级度。CSM是为了表示顾客满足状态的程度所提出的评估衡量方法
顾客满意度影响因素	（1）顾客满意度是顾客在消费了相应的产品或服务之后所产生的满足状态。 （2）顾客对某项产品或服务是否满意受许多因素的影响，如产品质量、售后服务等。 （3）通常决定企业的顾客满意水平主要有三项因素，即顾客经历的产品或服务质量、顾客的感知价值、顾客预期的产品或服务质量。 （4）顾客满意度的要素包括产品本身、服务和其他（如环保等）方面。 （5）产品的顾客满意度要素为使用产品所带来的充实感。它包括产品的效用，如性能目的的一致性、有效性、性能水准、性能的信赖性；还包括产品的使用，如使用的经济性、便利性，调度的经济性、便利性等。 （6）服务的顾客满意度要素为接受服务所带来的充实感，它包括情绪性服务，如信用度、理解度、舒适度、畅快性；还包括机能性服务，如信赖性（正确性）、迅速应对、安全性，邻近性、简便性等

2.4 顾客满意度调查工作细节描述（表2-4）

表2-4 顾客满意度调查工作细节描述

项目	内容
投诉和建议制度	（1）一个以顾客为中心的企业应该为其顾客投诉和提建议提供方便。 （2）有些顾客导向的公司，诸如宝洁公司、通用电器公司、惠普公司等，都开设了800免费电话的“顾客热线”，为顾客提要求、谈建议、发牢骚敞开了大门
顾客满意度调查	（1）单纯靠一个投诉和建议制度，属于比较初级的客户满意度调查。公司无法全面了解顾客的满意或不满意。 （2）通过定期调查，直接测定顾客满意状况。 （3）在现有的顾客中随机抽取样本，向其发送问卷或打电话询问，以了解顾客对公司业绩各方面的印象，也可以向买主征求对竞争者业绩的看法。 （4）通过询问直接衡量，如“请按下面的量度说出你对某项服务的满意程度；很不满意、不满意、无所谓、满意、很满意”（直接报告满意程度）。还可以要求应答者评价他们期望什么样的产品属性，以及它们实际得到的是什么（引申出来的不满意）。还有一种方法是要求应答者列出他们在产品上发现的任何问题和他们能建议的任何改进措施（问题分析）。 （5）公司可以要求应答者按产品各要素的重要性不同进行排列，并对企业在每个要素上的表现做出评价（重要性、绩效等级排列）。可以帮助公司了解它是否在一些重要的要素方面表现不佳，或在一些相对不重要的要素方面过于投入。 （6）在收集有关顾客满意的信息时，询问一些其他问题以了解顾客再购买的意图是十分有用的。一般而言，顾客越是满意，再购买的可能性就越高
佯装购物者	（1）收集顾客满意情况的另一个有效途径是花钱雇一些人装扮顾客，报告他们在购买公司及其产品的过程中所发现的优点和缺点。 （2）这些佯装购物者的人甚至可以故意提出一些问题，以测试公司的销售人员能否适当处理。 （3）公司不仅应该雇佣佯装购物者，经理们还应该常走出他们的办公室，进入他们不熟悉的公司以及竞争者的实际销售环境，亲身体验作为“顾客”所受到的待遇。 （4）经理们也可以采用另一种方法，他们可以打电话给自己的公司，提出各种不同的问题和抱怨，看他们的雇员如何处理这样的电话

续表

项目	内容
分析流失的顾客	（1）对于那些已停止购买或已转向另一个供应商的顾客，公司应该与他们进行接触，了解发生这种情况的原因。 （2）每当流失一个顾客时，都要尽一切努力去了解我们在什么地方做错了，是价格定得太高、服务不周到，还是产品不可靠等。 （3）公司不仅要和那些流失的顾客谈话，还必须控制顾客流失率，如果流失率不断增加，则表明该公司在使其顾客满意方面不尽如人意

2.5 顾客满意度测量实施细节描述（表2－5）

表2－5 顾客满意度测量实施细节描述

项目	内容
实施的原则	顾客满意度的实施必须遵循一定的原则，否则所设定的指标体系就可能产生偏差。 （1）全面性原则。测量顾客满意的指标必须全面，如果不全面就不能完全准确地反映顾客的满意状况。假如一个产品仅有核心产品项目而无形式产品项目和外延产品项目，就可能只测出产品质量、功能等方面的满意度，而没有测出产品造型、包装、服务等方面的满意度，这既不利于全面了解顾客的满意信息，也不利于提升顾客满意水平。 （2）代表性原则。影响满意或不满意的因子很多，我们不能都用作测量指标，只能在每一个侧面选择最代表该侧面的领袖因子。领袖因子问题涵盖着某一侧面所携带的全部或主要信息，借助于这些领袖因子的测量，就可以了解到它所在的侧面的全部或主要信息，因而不需要对所有信息因子进行了解。 （3）操作性原则。用作满意度的因子可以分化出来并独立存在。如果不能完全分化出来，或虽分化出来但独立性差、与其他因子没有明显的区分性，那么就不能用作测量的指标。 （4）效用性原则。顾客满意度的调查测定必须能够反映顾客的满意实态。调查围绕顾客满意度接触点进行，依照服务的流程，从事前准备、促进销售，到售后服务、顾客意见的处理，来组织调查

续表

项目	内容
实施的策略	要真正使顾客对所购商品和服务满意，以及能够期待他们未来继续购买的可能性，必须切实可行地制定和实施如下关键策略： （1）塑造“以客为尊”的经营理念。“以客为尊”的企业经营理念是顾客满意的最基本动力，同时它又可以引导决策，联结公司所有的部门为顾客满意目标奋斗。 （2）开发令顾客满意的产品。顾客满意，即要求企业的全部经营活动都要以满足顾客的需要为出发点，把顾客需求作为企业开发产品的源头。所以企业必须熟悉顾客，了解用户，要调查他们现实和潜在的要求，分析他们购买的动机和行为、能力、水平，研究他们的消费传统和习惯、兴趣、爱好。只有这样，企业才能科学地顺应顾客的需求走向，确定产品的开发方向。 （3）提供顾客满意的服务。热情、真诚、为顾客着想的服务能带来顾客的满意，所以企业要从不断完善服务系统、以便利顾客为原则、用产品具有的魅力和一切为顾客着想的体贴等方面去感动顾客。售后服务是生产者接近消费者的直接途径，它比通过发布市场调查问卷来倾听消费者呼声的方法要有效得多。由此不难看出，今后企业的行为必须以“消费者满意”为焦点。 （4）科学地倾听顾客意见。现代企业实施顾客满意战略必须建立一套顾客满意分析处理系统，用科学的方法和手段检测顾客对企业产品和服务的满意程度，及时反馈给企业管理层，为企业不断改进工作、及时满足顾客的需要服务。目前，很多国际著名企业都试图利用先进的传播系统来缩短与消费者之间的距离

2.6 店面服务标准细节描述（表2－6）

表2－6 店面服务标准细节描述

项目	内容
店面接待客人的方法	（1）对待客人不可因客人的身份、穿着等而有不同态度，应以和蔼机敏的态度来对待客人。 （2）当客人进店时应立刻与其打招呼，可用点头示意亦可用简单的“您好欢迎光临”等寒暄用语。 （3）要尽可能记住客人的特征个性。尤其是耐性不佳、不易应付的客人，特别要用心对待，设法与之谈成交易。

续表

项目	内容
店面接待客人的方法	（4）即使客人进店时默不作声，亦应积极趋前问候需要些什么，要不要拿什么给您看等。 （5）在拿商品给客人看时须留心处理步骤，如步骤有误应立即说非常抱歉等，但是如果因为工作关系使某些客人被怠慢，应向其打声招呼，事后还要再次表示歉意。 （6）服务台处的服务负责人员应该尽量多几人，不要使人觉得店面空无一人。 （7）对于有特别交易往来的客人应注意不可怠慢，但是也不可以有特别礼遇动作，以免让其他客人觉得有差别待遇。 （8）对于客人的姓名、住址、长相应尽快熟记，如果客人已多次来店而店员仍不认识将会令客人感到失望，只来店二、三次却能以像有十年交易的态度对待对方，是经营成功的秘诀。 （9）在接待客人的过程中，如有必须起身接电话或办理其他重要事时，须以眼神向客人示意并表示歉意。 （10）如果客人询问起制造厂商或其他代理店的位置或邮局银行所在地等其他无直接交易关系的问题，店员不可表示不悦，应亲切告知。但如果自己也不甚清楚也不可敷衍了事，应请教其他人员。遇到自己能力范围外无法帮忙的事也应婉转地拒绝。 （11）如客人无特别事由不可任其进入柜台内部，为防患各种意外必须留心这一点。 （12）在店面中，不可有部分店员聚集、亲昵、闲聊，亦不可对部分的二、三人有特别待遇等举动。对客人要热情对待，不可使对方觉得难堪，例如，不可大声喊叫付款、请到那边去等；在事务繁忙时如遇有唠叨之客应委婉地中止彼此的对话。 （13）当客人离店时应向他打招呼，尤其当他通过身边时，应向他说“再见”“非常感谢”“让您久候了”等。即使不是自己接待的客人，当客人靠近时在旁的服务人员也应以上述方式对待。 （14）在卖场上要使用公司规定暗语表示商品价格等级的特别用语，目的是为了顾全客人的讳忌及保守店内的秘密
店面留意要项	（1）在店面中店员同事彼此之间须切记不可闲聊、谈笑或交头接耳，尤其切记不可谈论私事或批评顾客等。 （2）即使有重要事务待办，亦不可全员离席，用餐、上洗手间及办外务应尽量利用店里较不忙时，轮流离开自己的岗位时应向其他人员交代清楚后再离去。

续表

项目	内容内容
店面留意要项	（3）在工作上，有人会很忙有人却很闲时，闲着的人应尽量设法去帮助忙不过来的人。 （4）对于客人的店名、地址、所购买的商品种类及对方是店主或店员，是什么地位的店员等应特别留意，在将物品交给对方时应适时推荐适合于该店的商品。 （5）不太忙的人员或注意到卖场店面有不清洁者应随手将之打扫干净。 （6）要随时留意保持桌上清洁、室内清洁及电灯的开关等事项，不可让室内有尘埃，地板有脏污，另外，器具等物品也必须随时留心整理。 （7）在客人有紧急事情同时也不妨碍店里的业务的情况下，可将电话借给客人使用，这时仍不要忘记以亲切的态度来接待。 （8）如客人委托保管其携带物品，除了危险物品及价格昂贵的贵重物品之外，应接受。另外，客人委托留言时可将其内容写在留言板上或写在便条纸上，届时传达给该当事者，如对方没来或本人没来取回寄放的东西，公司应该打电话通知提醒对方或等他下次来店时交还该物品。 （9）客方停放在店前的自行车、轿车上如放有物品，服务人员应在人多时帮忙留心看守或督促客人留心以免遭窃遗失或被拿错
出示商品时的处理	（1）店员售卖时出示商品动作须迅速正确，这是促进销售最重要的环节，务必谨记。 （2）对于商品的陈列位置有无库存，应尽量设法牢记，为使自己牢记应尽量利用空闲时间巡视货架，经常补充物品及整理货物架。 （3）商品陈列负责部门每天早上至少要巡视一次店内所有的陈列货架。 （4）如收到顾客的提货单时应迅速辨认物品是否为库存品，如为库存品应立即自货架上取下交给客人，如果发现取货人与往日不同，应与对方客户单位照会一下并通知主管。 （5）如果客人为代理商，应请其出示对方的签账卡后再将物品交给他，如发现有任何可疑之处应立即找主管商量处理。 （6）如果客人急需该物品，可建议他直接到进货厂商处取货，如果客人同意可请他前往取货。 （7）签账卡与银行存折具有相同意义处理时应慎重，如发现客人有可疑之处应立刻向主管报告采取适当的对策。 （8）平日对于报纸及商业界新闻的商品广告要仔细研究，或者平常要留心现有产品，尽可能记住商品的制造处及价格，这样，如果遇到不明确的订货才能迅速确实地予以更正。 （9）如果取货的种类及数量很少，可以集中两三个客人的提货单一起取货，或者当商品为同一制造商的同一物品时也可集中两三张提货单一起取货，这样，将有助于提高取货的效率。

续表

项目	内容内容
出示商品时的处理	（10）从陈列架上取出的物品一定要逐一插入客人的提货单，然后立即交给单据负责人员。 （11）对于签账的顾客除了平日信用良好的客人之外，凡付款购物情况有可疑之处者应向主任报告以斟酌交货内容或数量，如果主管亦认同该客人在信用上不保险，必须再与总务部协议以决定交易的对策及处理态度
商品的陈列与整理	（1）代理店必须确实掌握销路好的商品并尽量备齐多种品种，以迅速回应顾客的要求并满足其需要。 （2）取货人员的取货效率在很大程度上取决于商品陈列的好坏，即陈列的位置分类及整理是否做得清楚、明确、周全。 （3）出货量最多的物品应该陈列在比较容易拿得到的地方，量少者依序远放。另外，取货最多的种类应尽量集中在同一处。 （4）同类商品固定陈列在架上的固定部分，这样，不但能够提高取货的效率，而且如有新开业者或零售店问及畅销商品的种类时，让他们参观该货架即可一目了然。 （5）空闲时应经常巡视陈列货架并随手整理，这样可方便后来的取货。例如，商品颠倒摆放者都应随手加以整理。 （6）服装要经常保持整洁，仪容要大方，手脏时要随时清洗，每天至少清洗 2～3 回。 （7）取放商品时须谨慎，留心不要使其掉落地面沾到水，或放在火炉旁边，或放在不干净的地面上。另外，还要避免放在阳光直射的地方
单据的处理	（1）在填写交货单时须先将物品依照客户区分，一一对照商品与订货单是否符合，住址、品名、价格、数量等是否无误，切记不要漏填；如有漏填，只要对照传票内容与现物的数量便可立刻察觉，另外顾客的签账卡上一定要记住填入单据号码。 （2）单据是一切计算的根据，所以要妥善保管。 （3）客户住址原则上须依照签账卡及单据上的资料填写，如果遇到住址不明确、未登记或同音错别字而且对客人容貌不熟者，应问明商品负责人、主任或客人后再写，以求谨慎无误。 （4）单据上的文字应尽量以楷书或行书填写，字体除了要力求端正之外，对于容易搞错的数字应特别注意，另外位数也要留心不可弄错。 （5）在将单据递交给客人时，应迅速对照物品与单据记载内容，同时不要忘了跟客人说久候了、非常感谢等客气话。 （6）将单据交给客人时须立刻请客人填上单据号码，如果对方是代理人则请其签上代理，再将这些填入内容与传票做最后的对照。

续表

项目	内容内容
单据的处理	（7）应由固定人员负责单据、取货及联络事宜，这样不但对客户的交货能公平准确，还能提高个人的效率。当然单据方面的工作量不一，工作量较少的人理当有义务帮他人的忙。 （8）卖场中的商品如已做好交货单据，除有特殊公务之外，没有主任及科长的认可不得携带到店外或其他部门
商品的补充处理	（1）陈列架上陈列的商品应该经常补充，补充时应注意不可有遗漏。这些都是店里买卖的重要工作。 （2）负责补充商品的人员，每天应该找合适的时间查巡陈列货架上的商品数量，并与库存目录表货品补充卡做一对照，查清订货种类及数量后做成单据交给订货受理部门，以上例行工作应随时进行以确保货量的齐全充足，即使是店务繁忙之际也一定要抽空做好上述工作，但如果订货数量超出目录规定数量时，必须取得主任的认可方可进行。 （3）负责人员对于库存目录上商品的更新订正与废除都应与主管协议，并随时注意订正各项商品的库存量。 （4）对于以往无库存但销路很好的商品应迅速向主任报告设法进货经销。 （5）负责补充商品的人员应经常阅览库存目录表并将内容牢记，为了帮助记忆可在工作不忙的时候将陈列货架上的商品与库存目录表做一对照并重新排列使其顺序一致。 （6）顾客在订购无法退货的补充商品时，店员应向顾客说明有关规定，让顾客考虑好后再决定是否订货。 （7）订货申请的手续一定要让主管批准或取得其认可后再进行，负责人员绝不可以独断专行。 （8）经销商品除非有特别指示，否则应依照下列标准来补充。 A级：特别畅销者。 B级：销路尚佳者。 C级：不甚畅销者但是必须停止经销或有必要退货的种类，以下列名称来处理，并将之明示于各必要场所。 S级：须中止经销者。 R级：须退货者。 （9）销售人员应随时巡视商品陈列架设法发现滞销的产品。当发现S级及R级商品时应与主管协议迅速处理退货事宜及订正目录、准备更换其他商品等。 （10）如发现商品有变色、污损、破损等现象，应迅速将该商品换掉，至于有必要退货或更换产品者也应迅速办理有关手续

2.7 销售人员甄选工作细节描述（表2－7）

表2－7　销售人员甄选工作细节描述

项目	内容
有效招聘代表的四个原则	作为销售经理，在同人力资源部配合进行招聘时，建议共同遵循以下四个“切合”原则： （1）经历切合。 应聘者的工作经历一定要和相应的岗位相吻合。尤其是以效能为导向的销售模式。如从事大型的系统、设备、工业品以及解决方案的销售工作，它对经历这方面的要求更加严格。 对于效能型销售模式来讲，如果招来的人没有相应时间的类似工作经历，那么他就很难掌握一个系统或一个设备的整个销售过程，取得好业绩就需要相当长的一段时间。而国内的企业一般不会给销售人员太长的时间产出业绩，因此经历切合就更加重要了。 （2）发展阶段切合。 常规来讲，公司的成长一般有三个阶段，每个阶段对人才的要求都不一样。 第一个阶段是婴儿期。这时候公司的成长还处在求生存的阶段。这个阶段，销售队伍的任务非常重，而且采取的一般都是闪电战的策略。这个阶段不要求销售人员必须具备太多的系统知识，但是必须有足够的冲劲和热情。 第二阶段是青年期，就像人一样，青年期是公司成长最快的时期，这时候要求销售人员有很强的上进心，需要有不断地学习、吸收新知识的能力，那么在招人时就应该选择那些不太过分注重现实收益、愿意学习改变自己，伴随企业共同成长的年轻人。 企业发展到第三个阶段，就是成熟期。这时候企业已经解决了生存和成长的问题，需要的是稳步发展。这一时期就可以要求销售队伍的平均年龄稍高一些，从业经验要比较丰富，内部沟通和协调能力要比较强，这样才能比较好的适应成熟型的团队。 总之，销售人员同企业的发展阶段一定要相切合。概括来讲，如果企业处于婴儿期，招聘的销售人员带有七分冲劲、三分经验就可以了；如果处于成长期，应该招收有四分经验、六分潜力的销售人员；如果企业处于成熟期，建议招收七分经验，三分原则的人，因为这样的人，比较容易适应，能够比较快地为公司产出业绩。

续表

项目	内容
有效招聘代表的四个原则	(3) 期望切合。 通过接触和观察大量的销售人员，我发现，绝大多数销售人员都在追求两点：要么是“钱”，要么是“前途”，更有甚者是“鱼和熊掌”皆我所求。 期望“钱”的人，对近期看得会比较重，会在意产品是否好卖，提成是否令他满意等；而期望“前途”的销售代表则不同，他们一般都比较在意学习的机会、接触新行业的机会、未来在公司成长的机会和从这个公司离开以后的机会等。 (4) 个性切合。 这一点也很重要，如一个以“效率”为导向的销售队伍，通过直接销售的方式，售卖书籍、光盘、录像带等，那么就要求业务代表必须有足够的冲劲，要真有那种“双脚踏出亿万金”的劲头，也就是说销售人员的个性要适合效率型这种销售模式。 反之，如果是公司是销售系统解决方案的，那就沉稳、平和、思路缜密的人就比较适合。对于这两种个性，我们不能妄言哪一种更好，因为不同的销售风格对销售人员的要求是不一样的，但它们各有侧重，而关键点就在于应聘者的个性习惯与销售方式的切合
效能型销售模式对销售人员的要求	(1) 聪明，社会化程度高。 对于效能型销售模式，它首先要求销售人员比较聪明。 这里所谓的“聪明”，是指销售人员应该有一种潜质。这种潜质表现在销售人员在接触客户的过程中第一反应是对方的感受。首先想到对方在这种情况下是怎么想的，这就是聪明人的表现；而“不太聪明”的人，他只知道自己该怎么想，自己这么想如何对，“不太聪明的人”，从对方角度考虑问题的意愿要少得多。 (2) 有现成的客户关系或相关社会背景。 在介入很多行业进行大的设备或解决方案类销售时，如果跟现有的一些客户有连带关系或相近的社会背景，会对销售工作产生相当大的推动力。 销售代表从零开始，想要打开一个行业客户，把重要并且高价值的产品卖进去，一是销售人员本身有客户连带关系或有相关的社会背景，直接就可以进去，见到关键客户的决策人；二是依靠公司有很强的品牌拉力，可以把目标客户拉过来；三是凭借自己的社会活动能力，通过持续不断的努力挤进去。显然，有第一种关系和背景的销售人员，是最容易成功的，其对公司资源的依赖度也是最低的。 (3) 人际关系能力强。 判断一个销售代表的人际关系能力的强弱，可以从以下三个方面考虑： 第一，看这个人是不是细心。

续表

项目	内容
效能型销售模式对销售人员的要求	一个人际关系能力强的人会记住很多的细节。他能够记住客户，尤其关键客户的偏好和特点，能够从各种细节上很快判断出各类客户的采购角色和分量。 第二，看他会不会讲话。 特别是在不同的场合，是否能够在不损害对方利益的前提下阐述自己的观点，而且说得非常到位。 第三，看他做小事是否到位。 人际关系强的人，不仅能记住对方细节性的东西，同时对小事的处理也会很到位，哪怕是对他人很小的一个承诺，也能认真履行，自然而然在目标客户群中就会拥有一个很好的、可信赖的关系网。 别人的小事是否在意，也是衡量一个人人际关系能力的重要标杆。 （4）专业基础要求高。 以效能为导向的销售所涉及的产品或者服务，对专业的要求都很高。因此在招聘业务员时应该对专业有基础要求。 某家公司是做大型 IT 系统设备销售的公司，在 1998 年以前，还从非计算机专业招收毕业生进入到销售队伍，因为那时他们觉得毕业生是可塑的。但从 1998 年开始，销售本部给人力资源部提出明确建议，希望不再考虑非 IT 专业的毕业生。原因是根据三年的观察来看，非 IT 专业的毕业生。由于对专业的基础知识严重缺乏，导致对产品的理解很浅，缺乏结构性，并且容易走偏，对新产品的掌握也很慢，公司培养他们，成本太高。 （5）有较长时间的销售经历。 所谓的“较长”，这里提供一个参考意见：建议在构建效能型销售队伍的时候，选择那些至少有一年半以上销售经历的人员。因为在一年半的销售工作中，这名销售代表该经历的基本上都经历过了，像销售人员常见的疲惫感、挫折感、茫然、不自信等。在一年半的时间里面，这个应聘者在很多方面已经在别的公司或环境里锻炼过了，那么招过来之后，他就能迅速上岗，同时对公司和客户的很多做法和想法也更容易理解。 如果招来的销售人员只有一年甚至半年的销售经历，那么他还处在一个成长阶段，肯定要经历许多挫折，对公司或业务部来讲，蒙受不必要损失的概率就会大大增加

续表

项目	内容
效率型销售模式对销售人员的要求	（1）吃苦耐劳，团结自律。 有人做过相应的调查。首先请来团队中 20 个比较成功的销售人员（是以效率为导向的销售队伍），然后让他们填写一份调查表。表上有一条是“你对军队式的管理方式感觉如何”，选项有三个，分别是“讨厌”“一般”“崇拜”，结果超过 80% 选择了第三项。 在随后的闲谈中，调查人员发现这些人大多有一种很强的尚武精神，并且很赞同部队那种整齐划一、步调一致的行为方式。 分析这个调查结果，我们可以发现，这些成功的销售人员普遍认同部队那种行事风格，普遍认同服从指挥、吃苦耐劳、团结自律。试想，如果一个效率型的销售代表没有“双脚踏出亿万金”的思想和行为的话，是很难做好效率型的销售工作的。 （2）服从管理，团队归属感强。 效率型销售团队所做要求的管理风格，是一种强势激励氛围下的管理风格，他要求个体绝对不能对团队的激励氛围起到反作用，因此效率型的销售队伍要求销售人员做到一点：在平时的工作中可以有想法，但是当个人想法与团队要求不一致时，个人必须服从集体。个人与团队保持方向一致，才能形成最大合力，最终对个人和团队都有利。 （3）爱学习，可塑性强。 对于以效率为导向的销售模式，销售人员脑子里固有的东西越少越好。“一张白纸”的状态是最好管理的，同时上道也比较快，也容易出业绩。相反，如果固有框架越多，所受的束缚就越大，自己的精神压力也就越大，反而不利于在这种销售模式下取得成功。 （4）不用要求太高、太专业的技术背景。 一般而言，以效率为导向的销售模式，其承载的产品或服务，都是大众化的东西，技术含量不是很高，相对来说比较简单，所以对专业的要求不是特别高，只要销售人员有一定基础就可以了。 （5）销售经历不宜过长。 最后一个要求，就是具备一定的销售经历，但是从事的时间绝不能太长。 对于效率型销售，建议招收具有一年半以内销售经历的人员。因为进入一个行业的时间长了，自然就会“挑肥拣瘦”——专挑好的产品做而不太愿意做“油水”少的产品。反之，进入行业时间不长的销售人员，他还处在一个摸索成长的阶段，只要有新奇的环境和成长的空间，他就愿意去做。 所以说，招收的效率型销售人员的销售经历以不超过一年半为宜，甚至很多出成绩的效率型销售，都是从学校毕业后直接进入企业的，因为这批人思想上的包袱最少、冲劲最足、最容易引导和服从管理，而这些都是效率型销售所要求的

2.8 订单及物流配合工作细节描述（表2－8）

表2－8 订单及物流配合工作细节描述

项目	内容
订单处理	（1）经销商向公司订货应使用公司统一的订单。 （2）经销商在订单上需盖章、签字并传真至公司。 （3）公司接订单后，核实有效订单、有效金额。 （4）订单处理人员通知经销商订单有效金额。 （5）经销商办理汇款，并传真至公司。 （6）订单处理人员应及时将汇款传真件转财务核查是否到账。 （7）财务通知货款到账后，订单处理人员及时安排发货，并保留原始订单档案
物流管理	（1）小额订单，销售人员尽量将临近经销商定、发货协调在同一批次订货，协调运输。 （2）在客户汇款传真到达公司时，订单处理人员可通知物流部门。 （3）物流部门为该批货物准备运输车辆。 （4）经公司订单处理人员最后确认后物流部门装货发出。 （5）运费结算可以采用到达客户处时由客户结算，然后从货款中扣除的方式

2.9 销售着装和仪容细节描述（表2－9）

表2－9 销售着装和仪容细节描述

项目	内容
着装原则	（1）时间原则——着装要随时间而变化。 如果在白天工作时间与刚结识不久的潜在顾客会面，建议着装要正式，以表现出专业性；而晚上、周末、工休时间与顾客在非正式的场合会面，则可以穿得休闲一些。因为在工作之余，顾客为了放松自己，在穿着上也较为随意，这时你如果穿得太正式，就会给顾客留下刻板的印象。但是如果参加较正式的晚宴，则需要遵循场合原则，穿正式晚宴装。 每年有春夏秋冬四季之分，每个季节都应该有适合该季节气候特点的服装，如果冬天穿得太薄，顾客会看得不舒服；而夏天穿质地厚重的衣服，顾客会感觉保守及不合时宜。因此，在着装时要选择与气候相适应的服装。

续表

项目	内容
着装原则	着装除了随时段和季节而变以外，还应该顺应时代的潮流。虽然一味地跟着潮流走不一定会产生好的效果，但是背离当今的时代特点和大众的审美观，也会使自己格格不入。 （2）场合原则——着装要随场合而变化。 场合可以分为正式场合和非正式场合。在正式场合，如与顾客会谈、参加正式会议或出席晚宴等，销售人员的衣着应庄重、考究。男士可穿质地较好的西装，打领带，女士可以穿正式的职业套装或晚礼服。在非正式的场合，如朋友聚会、郊游等，着装应轻便、舒适。 （3）地点原则——着装要入乡随俗、因地制宜。 地点即所处地点或准备前往的地点。如果是在自己家里接待顾客，可以穿舒适的休闲服，但要干净整洁；如果是去顾客家里拜访，则既可以穿职业套装，也可以穿干净整洁的休闲服；如果是去公司或单位拜访，穿职业套装会显得专业；外出郊游可以穿得轻松休闲一些。 （4）穿着打扮应该与时间、场合、地点保持和谐。这样不仅能令自己感觉舒适、信心十足，也能给顾客留下良好的第一印象，唤起顾客对你的好感与共鸣，乐意与你交谈，在无形之中使双方的关系变得融洽、亲和；否则，就会显得和这个环境格格不入，甚至滑稽可笑
男士穿衣学问	（1）与顾客见面时可以穿有领T恤和西裤，使自己显得随和而亲切，但要避免穿着牛仔装，以免显得过于随便。 （2）如果是去顾客的办公室，则一般要求穿西装，因为这样会显得庄重而正式。在所有的男式服装中，西装是最重要的衣着，得体的西装穿着会使人神采奕奕、气质高雅，内涵丰富、卓尔不凡。 （3）男性穿着西装三忌。 ①忌不合身。 选择衣料不当、不注意熨烫，口袋鼓鼓囊囊，袖口留着标签，怎么看都不体面。 许多男士误以为穿线条松垮、有大垫肩的西装，才能撑得起男子汉的架势。其实，一套西装要穿得体面，最为重要的就是合身。在合身的前提下，再综合考虑自己的脸型、身高和肩宽等因素。 ②忌塞满物品。 西装讲究线平顺，穿西装时口袋里的东西尽量精简为佳，最好只装一个钱包。切忌在西裤上别着传呼机和手机、大串钥匙，这会破坏西装的整体感觉。 ③忌袜子搭配不当。 在西装的搭配中，袜子也是体现男人品位的细节。袜子的质地应为棉质。标准西装袜的颜色是黑、褐、灰、蓝，以单色或简单的提花为主。要注意使西裤、皮鞋和袜子三者的颜色相同或接近。袜口不可暴露在外

续表

项目	内容
女性着装建议	（1）保持衣服平整。 皱巴巴的衣服会让人觉得邋遢，而平整的衣服使人精神焕发，所以应保持衣服熨烫平整。建议购买服装时咨询服装店员，多选择一些不易皱的衣料。 袜子以透明近似肤色或与服装搭配得当为好。夏季可以选择浅色或近似肤色的袜子。冬季的服装颜色偏深，袜子的颜色也可适当加深。女性销售代表应在皮包内放一双备用丝袜，当丝袜被弄脏或破损时可以及时更换，避免尴尬。在此提醒各位女士注意，切勿穿着勾丝的丝袜，会使小脚非常“显眼”。 （2）饰品要适量。 巧妙地佩戴饰品能够起到画龙点睛的作用，给女士们增添色彩。但是佩戴的饰品不宜过多，否则会分散对方的注意力。佩戴饰品时，应尽量选择同一色系。佩戴首饰最关键的就是要与你的整体服饰搭配统一起来。 （3）女性穿着两忌。 ①忌穿着暴露。 在正式场合如果穿着过露、过紧、过短和过透的衣服，如短裤、背心、超短裙、紧身裤等，就容易分散顾客的注意力，同时也显得不够专业。除此以外，还要注意切勿将内衣、衬裙、袜口等露在外衣外面。 ②忌“内衣”外穿。 穿着居家便服很舒适，但是在公共场合这样穿着则显得非常失礼了。在家里或宾馆的房间里接待来宾和客人时，绝对不能穿睡衣、内衣、短裤或者浴袍。 总之，穿着职业服装必须做到整洁、笔挺、在方。所谓整洁，是指服装必须搭配合理，衣裤无污、无油渍、无异味；所谓笔挺、是指衣裤不起皱，上衣平整、裤线笔直；所谓大方，是指衣服款式简练、高雅，线条自然流畅。 （4）化妆也要遵循 TOP 原则。 时间：白天是工作的时间，宜化淡妆，这样会显得清雅大方；夜晚因为光线的原因，可适当加重妆容。 场合：在与顾客会面时，宜化淡妆，这样既庄重又不至于分散顾客的注意力；参加正式的社交活动，如晚宴时，可以化晚宴妆以配合灯光的效果，同时可以打扮得隆重一些来配合妆容。 地点：在自己家里，如果不会客，可以根据个人喜好化妆或不化妆；如果要会客，还是应该适当化妆以显示对客人的尊重。应尽量避免在公共场所当众化妆或补妆。重视个人形象是一件好事，但是一有空闲就旁若无人地对镜修饰，则显得比较失礼

续表

项目	内容
男士仪容重在“洁”	（1）男性在日常工作和生活中无须化妆，但是需要保持健康、整洁的仪容。男性仪容重在“洁”即干净整洁。 （2）干净、整洁、大方。 人们都不喜欢与邋遢、不拘小节的人交往。由于男性皮脂分泌较多，汗腺也较发达，容易产生异味，故应该更加注意讲究卫生，勤洗脸、洗发、洗澡、剪指甲、换衣服，随时保持身体干净卫生，避免烟味太浓。 （3）整体格调健康舒适。 这里是指胡须、头发等对外观有影响的因素。不是说男性不能留胡须或长发，而是要根据自己的性格及外形条件决定是否留胡须或长发。无论是否留胡须，都应保持干净，力求将整洁大方的仪容展现给顾客；如果留长发，请注意保持干净整洁。这里建议男性不留长发，发尾不超过耳根，发式以线条简洁、流畅、自然为好，给人以健康舒适的感觉。 （4）养成自我保健意识。 男士平常也应使用基本的护肤品，特别是在容易引起皮肤干燥的秋冬季节。尤其是在护肤品行业，如果你皮肤干裂、嘴唇脱皮，在向顾客销售护肤品时，何来说服力呢？只有当你皮肤光洁、嘴唇滋润时，在销售护肤品时才能给顾客信心。因此，男性要养成自我保健的意识
女士仪容重在“雅”	（1）女性在仪容上还要体现出“雅”来。古语说“形之元于外而神于内。”“雅”是一种由内至外散发出的高雅气质。 （2）妆容配合气质。 女性应该注意，化妆风格应该和自己的气质相近，这样才能更好地表现出自己的“神”和内在的“雅”来。建议平时多留意一些时尚或化妆杂志，多学习一些化妆手法。 （3）典雅不失清新。 女性应有典雅又不失清新的职业女性格调，表现出成熟、干练而又亲切的职业形象，让顾客感到你值得信赖。 （4）亮丽但不俗气。 推销日用化妆品的女性销售代表不妨把自己装扮得亮丽一些，令自己显得神采飞扬，以此来感染顾客。但要掌握一个“度”，过度就会显得俗气。 （5）时尚兼具个性。 时尚是在某一个时间段内，大多数人对美所达成的一种共识。要有敏锐的时尚触觉，并从中捕捉适合自己个性的元素，而不要轻易受潮流左右，因为潮流不一定适合每一个人。因此女性的妆容应该展现出既时尚又和谐、自然的美感，这才是“雅”的体现。 （6）修饰仪容要讲究协调，即要与销售人员自身的外貌、气质、身份，以及外部的环境相协调，给人以“浓妆淡抹总相宜”的感觉

2.10 销售言谈举止细节描述（表2－10）

表2－10 销售言谈举止细节描述

项目	内容
言谈礼仪	与顾客交谈，态度要谦逊有礼，让顾客觉得你很有教养。彬彬有礼的人才会受到顾客的欢迎。 （1）礼貌用语不离口。 无论什么时候与顾客交谈，都要讲文明、讲礼貌。“请”和“谢谢”是人际交往中的礼貌金句。 （2）尽量使用令顾客舒适的语言。 如果顾客讲方言，而你又正好熟悉他所讲的方言，就可以用方言与顾客交谈，这样既能融洽气氛，又能拉近双方的心理距离，增进双方的感情；如果不熟悉顾客的方言，就用普通话交谈，因为不地道的方言可能会在沟通中造成误会；若是同时有多人在场，又并非所有的人都讲同样的方言，最好用普通话交流，千万不要旁若无人地与其中某一位讲方言，让其他人不知所云，颇觉尴尬。 （3）多用通俗的语言。 古人云：“阳春白雪，和者必寡；下里巴人，和者必多。”通俗易懂的语言最容易被大众所接受。所以，在语言使用上要多用通俗化的语句，少用书面化的语句。如果故意咬文嚼字或使用深奥的专业术语，会令顾客感到费解，这样不仅不能与顾客顺利沟通，还会在无形之中拉大与顾客之间的距离。 （4）说话把握分寸。 与顾客交谈时，销售人员说到高兴时容易忘乎所以、口无遮拦，说话没有了分寸。要知道，这不但不礼貌，还非常有损你的专业形象。切记，在交谈中，有些敏感的雷区是要小心避免的，所以，请留意如下事项： ①当顾客谈兴正浓时，要细心聆听，不与顾客抢话头。 ②对于不知道的事情，避免硬充内行，以免说错了贻笑大方，给顾客留下不专业、夸夸其谈的印象。 ③不可在顾客面前谈论他人的缺陷和隐私。爱飞短流长的人，在什么地方都不会受欢迎。顾客听到这些谈论后会对你失去信任，会担心你在其他地方散布他的隐私。 ④不可谈论容易引起争执的话题，以免与顾客产生冲突。 ⑤说话时避免引用低级趣味的例子，以免令顾客感到尴尬或觉得你没风度

续表

项目	内容
举止礼仪	相对于口头语言来说，行为举止是一种无声的语言，是一个人的性格、修养和生活习惯的外在表现。你的一举一动直接影响着顾客对你的评价。因此，有人称它为“动态的外表”。 具体说来，“动态的外表”展现在哪些方面呢？ （1）坐如钟。 所谓“坐如钟”，并不是要求你坐下后如钟一样纹丝不动，而是要“坐有坐相”，也就是说坐姿态要端正，坐下后不要左摇右晃。 到顾客家拜访时，不要太随便地坐下，因为这样不但不会让顾客觉得你很亲切，反而会觉得你不够礼貌。在自己家里，虽然可以随意一些，但还是需要注意自己的举止形象，以显出对客人的尊重。如果就座时注意以下事项，就不会引起顾客的反感： ①入座轻柔和缓，起座端庄稳重，不猛起猛坐，以免碰得桌椅乱响，或带翻桌上的茶具和物品，令人尴尬； ②坐下后，不要频繁转换姿势，也不要东张西望； ③上身要自然挺立，不东倒西歪。如果你一坐下来就像滩泥一样地靠在椅背上或忸怩作态，都会令人反感； ④两腿不要分得过开，两脚应平落在地上，而不应高高地跷起来摇晃或抖动； ⑤与顾客交谈时勿以双臂交叉放于胸前且身体后仰，这样会给人一种漫不经心的感觉。 总体来说，男士的坐姿要端正，女士的坐姿要优雅。 （2）站如松。 所谓“站如松”，不是要站得像青松一样笔直挺拔，因为那样看起来会让顾客觉得很拘谨。这里要求的是站立时要有青松的气宇，而不要东倒西歪。 良好站姿的要领是挺胸、收腹，身体保持平衡，双臂自然下垂。忌：歪脖、斜腰、挺腹、含胸、抖脚、重心不稳、两手插兜。 优美的站姿男女有别：女子站立时，两脚张开呈小外八字或V字形；男子站立时与肩同宽，身体平稳，双肩展开，下颌微拾。简言之，站立时应舒适自然，有美感而不造作。 一个人的站姿能显示出他的气质和风度。所以站立的时候，应该让别人觉得你自然、有精神，而你自己亦感到舒适、不拘谨。 （3）行如风。 潇洒优美的走路姿势最能显示出人体的动态美。人们常说“行如风”，这里并不是指走路飞快如一阵风刮过，而是指走路时要犹如风行水面，轻快而飘逸。良好的走姿能让你显得体态轻盈、朝气蓬勃： ①走路时要抬头挺胸，步履轻盈，目光前视，步幅适中； ②双手和身体随节律自然摆动，切忌驼背、低头、扭腰、扭肩；

续表

<table>
<tr><th>项目</th><th>内容</th></tr>
<tr><td>举止礼仪</td><td>③多人一起行走时，应避免排成横队、勾肩搭背、边走边大声说笑；
④男性不应在行走时抽烟，女性不应在行走时吃零食。养成走路时注意自己风度、形象的习惯。
中国人最讲究的是“精、气、神”，凡事有骨，也就是体现出其内在的本质。所以，无论是“坐如钟”“站如松”还是“行如风”，都不是让人简单地模仿这三种物体的外表形态，而是要掌握它们的“精、气、神”，做到神似，而非形似。
（4）忌不雅。
在人们日益注重自身形象的今天，我们仍然遗憾地看到，一些表面看上去大方得体的销售代表，在面对顾客时或在众目睽睽之下做出一些不雅的举动，令其形象大打折扣。因此在日常生活中应该有意识地避免一些习以为常却极为不雅的举止，包括：
在一个不吸烟的顾客面前吸烟是一种不尊重对方的行为，这样做不仅会令对方感到不舒服，还会令他对你“避之而不及”。
当众搔痒。搔痒动作非常不雅，如果当众搔痒，会令顾客产生不好的联想，诸如皮肤病、不爱干净等，让顾客感觉不舒服。
对着顾客咳嗽或随地吐痰。这也是一种应该杜绝的恶习。每一个现代文明人，都应清醒地认识到，随地吐痰是一种破坏环境卫生的不良行为，姑且不论别人看见你随地吐痰后做何感想，这种举动本身就意味着你缺少修养。
打哈欠、伸懒腰。这样会让顾客觉得你精神不佳，或不耐烦。
高谈阔论，大声喧哗。这种行为会让顾客感觉你目中无人。一个毫不顾及旁人感受的人又怎么会为顾客提供细致的服务呢？
当众照镜子。显得你对自己的容貌过于注重，或没有自信；这也是目中无人的一种表现，容易引起顾客的反感。
搭乘公共交通工具时争先恐后，不排队。这种推推搡搡，互不相让的恶习，应该坚决摒弃。在公共场所礼让老人、妇幼，是人的基本美德，也是一个高素质的体现。
交叉双臂抱在胸前，摇头晃脑的。这样的举止会令顾客觉得你不拘不节，是个粗心的人。
双脚叉开、前伸，人半躺在椅子上。这样显得非常懒散，而且缺乏教养，对顾客不尊重。
言谈举止看起来好像是琐碎小事，但是小事往往更能直接地反映出一个人的文化修养和素质。所以，请你一定要随时随地都注意你的言谈举止，尤其注意纠正一些大家习以为常的行为，从而将最佳的状态展现给顾客</td></tr>
</table>

2.11 销售工作礼仪细节描述（表2－11）

表2－11　销售工作礼仪细节描述

项目	内容
拨打电话，考虑时机	（1）打电话时，要考虑对方的时间。一般往顾客家中打电话，以晚餐后或休息日为宜，但注意不要太早或太晚，如早上七八点或晚上十点以后，因为这些时间顾客有可能正赶着上班或准备休息；往办公室打电话，以上午十点左右或下午上班以后为好，这些时间相对比较空闲，较适宜与顾客预约。电话拨通后应礼貌地询问：“现在说话方便吗?”谈话应适可而止，注意控制通话时间，以免占用线路太久而给他人造成不便。 （2）注意不要在电话中谈生意。 （3）如果有顾客打电话来找你，恰逢你不在时，要注意留言，并及时回电话。出于礼貌，一般应在24小时之内对电话留言给予答复。如果回电话时恰遇对方不在，也要留言表明你已经回过电话了。即使你确实无法亲自回电，也应托人代办。 （4）若使用手机通话时，应注意控制音量不要影响周围的人。如果拨打对方手机，也应该长话短说，避免给人啰唆的感觉
面带微笑，声音愉悦	（1）打电话时，虽然对方无法看到你的面容，但你的情绪和态度仍会通过话筒传递给顾客。 （2）面带微笑是一个好办法，它会使你的声音流露出愉悦，让顾客感到舒服和愉快。因此，在通话的整个过程中，都请保持甜美微笑。 （3）讲电话过程中不要和他人谈笑，也不要用手捂住听筒与他人谈话，因为这是极不礼貌的行为。如果万不得已要与旁边的人说话，要先向对方道歉，请其稍候，或者过一会儿再与对方通话。 （4）挂断电话前的礼貌也不应忽视。若要结束电话交谈，通常由打电话的一方主动提出，然后彼此客气地道别，并等对方放下听筒后再挂电话。 （5）通话过程中无论是什么原因使电话中断，主动打电话的一方都应负责重拨。接完电话后，要确定对方已经挂断电话再轻轻放下话筒，如果在最后致意还没说完便将话筒“砰”地挂上，会给对方留下极坏的印象

续表

项目	内容
会见顾客，先约时间	（1）无论与顾客交情有多深，都不应贸然提出要与顾客立即见面，这是对顾客起码的尊重。因此，会面之前你必须与顾客约好时间。 （2）约时间也是有技巧的，如果约在别人最忙的时候，别人肯定不会有心跟你交谈；如果约在别人想休息或会客的时候，也常常会引起他的不快。总体说来，如果你预约的时机不对，不但达不到效果，还容易引起别人的反感。 （3）一般来说，会面的要求应尽早提出，而且最好能说明你将占用顾客多少时间，好让顾客有宽裕的时间提前安排好自己的活动。 （4）如果是由你提出的拜访预约，则要在登门前半天先给顾客打个电话确认一下，这样既可预防对方的临时变故，也体现了专业和涵养。 （5）无论是去对方家里拜访，还是去对方下榻的酒店拜访，拜访前一定要事先预约。最令人反感的会面是“临时起意”“心血来潮”，即冒冒失失的拨通电话告知对方半小时后见面，甚至根本不事先告知，就莽撞上门搞突袭，令对方来不及准备致使局面尴尬
自然握手，力度适中	（1）人际交往中，握手是世界上较为通行的展出礼。一般来说，与顾客见面与告别时，出于礼貌，都应该与对方握手。 （2）握手时，一般约定俗成的是使用右手手掌和手指握住对方的手掌。握手的一刹那，应该面带微笑，双目注视对方，显得你非常有诚意。握手的力度应适中，仅仅是轻触手指会令对方感到疼痛。为了显得礼貌，握手一般只持续几秒钟。 （3）握手应该掌握恰当的时机，在自然的状态下进行，体现出自己的信心和与对方交往的诚意。 （4）销售礼仪是一种常识，但并不是每一个销售人员都了解并能正确运用的，古人说，“纸上得来终觉浅，绝知此事要躬行。”只有在实践中不断对照和实践，所有的常识才会体现价值

2.12 顾客满意指标制定细节描述（表2－12）

表2－12 顾客满意指标制定细节描述

项目	内容
企业内部CSI	企业内部“顾客”包含了企业内部的股东、管理者和员工等。提倡顾客满意也包括企业内部“顾客”的满意。对企业内部“顾客”的满意测验可以了解企业的经营状态、福利水平和员工意见，对改进和提高企业管理水平是大有益处的。 （1）内部顾客满意指数。 ①股东CSI。股东作为企业的投资人，他们的满意指标非常简单。根据台湾钟清章教授的研究表明，股东CSI主要包括六个项目：在年度结算时有不错的盈余和分红；企业能继续稳定地成长下去；劳资和谐无严重冲突；能尽到社会责任；以拥有优良的企业而骄傲并且有成就感；其他。 ②管理者CSI。管理者作为企业的成员之一，其特殊位置使他们与企业的生存与发展紧密联系，所以有独特的满意项目。根据台湾钟清章教授的研究表明，主要包括以下十二个方面：健全的薪金与退休或退职制度；个人生涯规划与晋升机会；好的企业文化；有自我表现的机会可以达到自我成就的愿望；有更多的学习机会；被上级欣赏重用；公司及个人均有发展前景；能自由发挥个人潜力；同事间合作愉快；公司的企业形象或社会地位良好；目前的工作对某个人未来发展和个人事业有帮助；有效率的管理制度描述及充分授权。 ②员工CSI。员工CSI可以参考20世纪50年代末美国管理学家赫茨伯格的“保健因素—激励因素”模型中的职工满意—没有满意与不满意—没有不满意项目。使职工非常不满意的因素有：公司政策和行政管理、监督、与主管的关系、工作条件、薪水、与同级关系、个人生活、与下级的关系、地位安全；使职工非常满意的因素有：成就、认可度、工作本身、责任感、发展、成长。 （2）内部顾客满意企划。 ①尊重员工。企业中每一个员工都应受到同事、上司和组织的尊重。如惠普公司的传统是设身处地为员工着想，尊重员工并肯定员工的个人成就。惠普相信只要给员工良好的环境并相信他们，他们就能做好工作。 ②体贴关怀。员工需要领导在工作和生活中真诚地、不是出于利用的目的去关心他们，这样员工才会产生对企业的依恋，从而由衷地把自己和企业融为一体。 例如，英国马狮公司的董事长西夫勋爵经常到各分店与员工谈心，尤其遇到大雷阻断交通等恶劣天气时，他必定亲自前往有关分店，向店员表示感谢和慰问。

续表

项目	内容
企业内部CSI	③利益共享。企业的利益是利润。员工的利益包括工资、奖金、培训、晋升及其他待遇。利益是许多员工关心的实质问题，因此要使内部顾客满意，企业应该与员工共享利益。1919年柯达就开始实施“入股制”，鼓励员工入股，与企业主分享股权。 ④有效沟通。加强管理层与员工的有效沟通，可以使管理层更加了解员工的想法和意见，有利于管理层改进工作，满足内部顾客的需要。摩托罗拉（中国）电子有限公司建立了多种信息反馈和上下沟通的渠道，如设立“畅所欲言”信箱和总经理座谈会
行业CSI的确定有的方式	（1）选取本行业中最优秀企业的CSI用作行业指标。 （2）综合本行业务企业所定CSI的优点，然后加以组合成为一个更全面、更科学和更完整的行业CSI。 （3）组织CSI专家对本行业的产品或服务进行系统分析，并对其顾客进行全面调查；找出顾客用以评估产品或服务的项目因子，然后确定出行业CSI
企业综合CSI	企业综合CSI是排除具体的满意指标，而用几个主要的综合性数据来反映顾客满意状态的指标体系。主要有如下几个方面： （1）美誉度。美誉度是顾客对企业的褒奖程度。对企业持褒奖态度者肯定，对企业提供的产品或服务满意，即使本人不曾直接消费该企业提供的产品或服务，但他能作为消费过该企业产品和服务的代表；企业借助于对美誉度的了解，可以知道企业所提供产品或服务在顾客中的满意状况。 （2）知名度。知名度是指顾客指名消费某企业产品或服务的程度。如果顾客对某种产品或服务非常满意，他们就会在消费过程中放弃其他选择而指名道姓，非此不买。 比如，中国的海尔冰箱就具有很高的知名度。调查发现，许多顾客在购买高档冰箱时，首选的品牌就是海尔，其次才会考虑其他品牌。这是因为海尔冰箱一流的质量令已使用过的顾客非常满意，以致形成了“口碑效应”，名声在外，形成了好销的局面。 （3）回头率。当一个顾客消费了某种产品或服务之后，如果他心中十分满意，那么他将会再次重复消费；或者这种产品或服务不能重复消费，但他却向亲朋好友大力推荐，引导他们加入消费队伍。 （4）抱怨率。顾客的抱怨是不满意的具体表现，但顾客的抱怨通常不直接表现出来，而是存在心底。因此，必须直接征询顾客及了解其抱怨率。抱怨率是衡量顾客满意的重要指标。 （5）销售力。顾客满意的产品或服务有良好的销售力，而顾客不满意的产品或服务就没有良好的销售力。所以，销售力也是衡量顾客满意度的指标

2.13 新品上市销售流程细节描述（表2－13）

表2－13　新品上市销售流程细节描述

项目	内容
模特搭配、店面陈列流程	（1）每季新品上市后，由企划部提供最新模特搭配方案交送销售部。 （2）销售部下发各地区经理，各地区经理下发各地区店长、各加盟商同时执行搭配。 （3）每季过后各地区经理要征求各店长、各加盟商的搭配意见上报销售部。 （4）销售部整理意见反馈给企划部
定做订单流程	（1）顾客到店试衣满意后，填制统一定做单，对定做要求及交期确认签字，同时交定做押金。价值××元以内，交定金××元，××元以上交定金。 （2）店员把定做单传真公司电脑录单员（如带样衣可运交公司电脑录单员），录单员核实库存面料落实交期，并把样品交企划、生产（落实人员实行交接签字）。 （3）生产出货入库，同时交样衣给录单员。 （4）录单员交样衣给仓库，同定做一起装箱，并制出库单出库后，交由货调员，统一安排发货。 （5）货品如期到店

2.14 销售方针制定细节描述（表2－14）

表2－14　销售方针制定细节描述

项目	内容
销售方针的内容	（1）销售方针是销售经理在自己所辖的业务范围以内，订定促销及营运方面的方针。 （2）销售方针分为长期方针（3～5年）及短期方针（1年以内）两种；销售经理所决定的，属于短期方针。 （3）销售方针的确立，应以公司经营目的为基础

续表

项目	内容
订立销售方针	（1）明确公司业务的经营目标，及董事长与直属上司的政策，以此为依据，制订适合的销售方针。 （2）销售部对于各方面的问题（例如，市场开发、利润的提高、广告宣传、回收管理等），都必须制定方针。 （3）配合当年的营运重点及公司的经营方针，来订定销售方针。
销售方针的贯彻	（1）除了以口头发表或说明之外，还要发布文件，以期方针能正确并彻底地实施。 （2）尽量避免“自己（上司）认为有关人员（属下及其他人）已经明白，而实际上并未彻底了解的情形”发生。 （3）销售方针公布后，仍需反复地加以说明。

2.15 销售计划制订细节描述（表2－15）

表2－15 销售计划制订细节描述

项目	内容
销售计划的内容	（1）销售经理所拟订的销售计划，不能仅包括以销售额为主体的预算数值，同时要有计划地实施步骤。 （2）应包括销售组织、商品、消费者、售价、销售方法、促销（广告和宣传、销售预算等）的广义计划
拟订销售计划时的应注意事项	（1）配合已拟定的销售方针与政策，来制订计划。 （2）拟定销售计划时，不能只注重特定的部门（或人）。 （3）销售计划的拟定必须以经理为中心，全体销售人员均参与为原则。 （4）勿沿用前期的计划，或订定惯性的计划。必须要组合新计划，确立努力的新目标才行
销售计划的实施与管理	（1）经理对于销售计划的彻底实施，必须负完全的责任。 （2）拟定计划后，要确实施行，并达成目标，计划才有意义。所以，对于销售计划的实施与管理必须彻底。 （3）计划切勿随便修正，除非遇到情势的突变，或尽了一切努力仍无法达成目标时，方可更改

2.16 销售部内部组织营运管理细节描述（表2－16）

表2－16　销售部内部组织营运管理细节描述

项目	内容
销售组织与业务效率	（1）销售部内部的组织和推销人员的关系，组织的编成方式和业务效率及销售有密切的关系。 （2）销售经理对于自己所辖部门的组织形态和有效率的营运，应经常留意。 （3）不可忽略组织管理的研究
组织营运的重点	（1）销售组织有效率地营运，首要关键在于销售经理的做法，尤以销售经理的领导能力的发挥最为重要。 （2）对于推销人员，要训练其团队精神。 （3）在销售组织里，要特别注意销售的分担与配置使命、报告系统责任与权限的明确划分
权限内组织的修正	（1）销售组织的大纲，应由董事会或董事长裁决；至于其细节，属于销售经理的权责。 （2）在销售经理的权限内，应视环境的变化而修正组织，使之具有适应性；对于组织的合理化，亦需立即着手进行

2.17 销售额的计算及收款工作细节描述（表2－17）

表2－17　销售额的计算及收款工作细节描述

项目	内容
1	在缴交产品时，应将交货单的副本交给会计科。会计科再将这些资料记入销售账中
2	如已经从客户处先收取订金或预付金时，应将此内容也记入销售账中
3	财会部门于每月的25日，依据销售账的资料算出每位客户的未付款项明细表（包括前月余额、本月销售额、应收账款），送交营业经理
4	营业经理得命令各负责人员在应付款项明细表的收款栏中记入预付金，经过调整后，再决定营业部的收款预定额，然后呈报常务董事签核

续表

项目	内容
5	常务董事应先查阅营业部所呈的收款预定表，如有必要征求经管经理的意见，则由营业经理作说明后，裁定收款的预定计划
6	收款业务原则上是由营业部门负责，但有时也可委托经管（财会）部门的人员去进行
7	有关款项的催收是由销售科负责督促，销售科必须把相关资料记入收款预定表中，通知给各有关人员
8	财务科应将每月收款收据副本制作成表，在各册、各页上打上编号。并要求有关人员于每日业务终了时，交回这些单据证明。收据上盖有公司印章者，会计科应加以保管，并加盖部门印章
9	款项进来时，负责收款或处理款项人中应制作收账传票，并连同现金、收据副本，提交给财务科
10	根据上述的应收账款传票，将收得的款项记入销售账目中。记入内容除包括金额外，须再记入负责人员的名字

2.18 销售途径确立操作细节描述（表2－18）

表2－18　销售途径确立操作细节描述

项目	内容
根据公司的实际情形	（1）对于业界、本公司在业界里的立场、商品、资本、地理条件等，要有客观的认识，以采取适当的销售途径政策。 （2）独自的系统化，参与其他公司（或者是大公司）的系列。无论采取哪项政策，都要充分研究相互的得失关系
应以效率性为本位	（1）不要以过去的情面、私情、上司的偶发意向或仿效其他公司来决定销售途径。 （2）不要仅凭借负责的推销员或顾客（代理商或消费者）等的意见或批评来判断；必须根据客观而具体的市场调查，来决定销售途径。 （3）效率不高的销售途径，应果断废止，重新编制新的销售途径。关于这一点，销售部的经理必须向上司进言。 （4）交易条件和契约的订立必须格外的小心，一切都要以书面形式

续表

项目	内容
寻求与试行新的销售途径	（1）销售经理必须调查研究，并努力企划更有效率的销售途径。 （2）纸上谈兵是无法知道确切效果的。所以，应该在危险性较小的范围内先试行看看

2.19 设立或撤销分公司、营业处操作细节描述（表2-19）

表2-19 设立或撤销分公司、营业处操作细节描述

项目	内容
新设立或撤销均要慎重考虑	（1）分公司、营业处的存在，对于经营及销售方面，有利亦有弊。 （2）若利多于弊时，即应设立新的分公司或维持现状；当弊多于利时，即应缩小编制或撤销分公司。 （3）对于利弊的判断，不可依据主观或直觉；必须要凭借科学化的分析。 （4）新设立分公司时的注意事项： ①事前的调查和利益的核算必须非常慎重。 ②不要为了迎合上司的偶发意向，而设立新的分公司或营业处；必须根据销售经理本身的想法及信念。 ③尽量阶梯式地展开，先由小规模开始（以派驻人员的方式），再逐次扩大。 ④分公司、营业处的负责人的选定，最为重要，不可任意委派
缩小、撤销时的注意事项	（1）不要受对内、对外的面子问题所拘束。 （2）无论对内或对外，均要有充分的理由，才可缩小或撤销。 （3）撤销的分公司、营业处，若为自己公司所有的土地和建筑物，其后应充分有效地利用

2.20 协助新产品开发工作细节描述（表2-20）

表2-20 协助新产品开发工作细节描述

项目	内容
不要委任其他部门	（1）供给商品的计划部门、制造的开发部门等，在组织上隶属其他单位时，也不可以完全委任对方。 （2）若商品的开发部门，在自己的管辖范围内时，也不可以委任对方。 （3）最重要的是，要与企划部门及开发部门共同研究
构想、情报的提供与协助	（1）任何构想及情报，都要毫无遗漏地提供给开发部门。 （2）代理商与消费者的意见特别重要。 （3）大规模的公司要有制度地收集情报。 （4）应积极地与开发部门（有关人员）协同研究，并举行检讨会
市场开发与销售	（1）如果没有得到销售部门的协助，无论商品多么优良，仍难有较高的销售量。 （2）不要对商品的可销性妄下结论。 （3）销售商品态度，不要敷衍了事，应颇具信心地去销售。关于这一点，销售经理应以身作则，并教导属下

2.21 信用调查工作细节描述（表2-21）

表2-21 信用调查工作细节描述

项目	内容
信用调查的方法	（1）信用调查的方法分为两种。 ①由公司内的专业部门或销售负责人去从事调查。 ②借助公司外的专门机关进行调查。 （2）上述两点均有优、缺点，故尽量合并两者来调查，最为理想

续表

项目	内容
销售部门实行调查时的注意事项	（1）编制信用调查的说明书，根据说明书来教导部属。 （2）为了便于判定调查结果，或避免遗漏调查项目，应将信用调查表定型化。 （3）重要的或是大客户的调查，必须由销售经理亲自负责。普通的调查，指定专人负责即可。 （4）对调查的内容有疑问时，不可随便处理，必须彻底查明。 （5）信用调查不仅限于交易前，交易后也要作定期的调查
借助公司以外的机构时	（1）选择信用调查能力卓越的机构；切不可只依靠人事关系或贪求收费低廉。 （2）不要完全采用信用调查报告书，销售经理应培养正确了解报告书内容的能力

2.22 产品估价细节描述（表2－22）

表2－22　产品估价细节描述

项目	内容
估价方式的决定	（1）不管估价内容的粗浅繁杂，都要决定固定的方式。 （2）新产品、改良品，应由制造部门、设计部门或其他部门累计成本后，再予以慎重地估价。 （3）估价的方式，必须请教有关人员，以求彻底的了解。 （4）销售经理一定要仔细看估价单
充分了解有关的情报	（1）估价单提出以前，必须尽量正确地收集顾客及竞争者的情报。 （2）要积极地使用各种手段来收集情报。 （3）必须慎重考虑有无洽谈的必要及洽谈的方式
估价单提出后的追踪	（1）估价单提出后，必须收到迅速而正确的回馈。 （2）根据估价单的存根，作定期或重点式的研讨。 （3）当交易成功，经理必须出面时，要即刻行动

2.23 契约管理细节描述（表2－23）

表2－23　契约管理细节描述

项目	内容
订定契约时越慎重越有利	（1）交易开始时的契约，无论是以书面还是口头约定，都要格外的慎重。 （2）设想双方的财力关键及随着交易所发生的一切条件，将之列入契约里。 （3）要有耐性地交涉，尽量争取有利的条件
拟定交易规定或契约书	（1）契约应尽量根据规定或文件，尤以签订重要的交易或大批交易的契约时，应更加慎重。 （2）共同的、基本的交易，必须依交易规定来决定。 （3）重要的和交易内容复杂的契约书，必须请专家过目。 （4）任何一种契约书，经理都必须过目，对于特约事项，更需特别留意
违反契约或发生纠纷时	（1）销售经理必须亲自想好对策加以处理，不可完全交予部属去处理。 （2）不管是由那一方所引起，不可轻易地放弃或随意处理。 （3）不管任何纠纷，均应将情形呈报上司

2.24 顾客管理细节描述（表2－24）

表2－24　顾客管理细节描述

项目	内容
顾客总账的做法和活用	（1）根据一定的格式，做成顾客总账（或卡片）。 （2）顾客很多时，只要作重要的或大客户的总账即可。 （3）顾客的卡片往往容易被忽略，因此关于如何有效的活用，经理应充分加以指示和指导。 （4）应随着顾客情况的变化，加以记录

续表

项目	内容
与顾客保持良好的关系	（1）通过广告宣传、销售计划的综合对策及推销员的个别接触，与顾客保持良好关系。 （2）销售经理不要只去访问特定的顾客，而应普遍地作巡回访问。 （3）不管如何，与顾客沟通意见与保持良好的人际关系最为重要。 （4）销售经理必须充分了解每一位客户的销售、回收和经营的内容
指导顾客的方法	（1）积极地将有利的情报提供给顾客。 （2）对于改善销售及经营等问题，要经常地指导顾客。 （3）顾客提出意见时，要坦诚、热心地接受

2.25 代理商管理细节描述（表2-25）

表2-25 代理商管理细节描述

项目	内容
代理商制度是否合适	（1）目前的代理商制度，对于目前的情势是否恰当，必须经常加以分析、检讨。 （2）要经常不断地研究代理商的增减、编制和变更交易条件等问题。 （3）新订定代理商制度时，必须特别慎重，若处理不当，将来会造成行销通道的困扰
把握各代理商的实况	（1）销售经理对于各代理商的实况，应有详细的了解。 （2）做代理商总账（卡片亦可），对方的销售或变更事项，应随时加以记录。 （3）不要仅依靠推销员的报告，销售经理也要亲自去访问，以便更加认识各种实况
与代理商保持良好的关系	（1）不但要与代理商维持良好的关系，同时要尽一切努力，让代理商协助自己的公司。 （2）对于代理商的请求，亦应尽量予以协助。 （3）对于代理商的销售及营业促进有帮助的情报提供与指导，要积极地进行（没有专任人员时，经理必须负责）

2.26 销售促进工作细节描述（表2-26）

表2-26 销售促进工作细节描述

项目	内容
重点	（1）公司及销售部门必须具有综合性的促销计划和实施方法。 （2）在决定销售方针、销售政策前，必须充分调整综合性的效率。 （3）企划、计划的事项必须在不失时效的条件下，确实地施行
直销部门应注意的事项	（1）不要做出与自己公司的营业和销售实情不合的推销方法。 （2）倘若销售不佳，不可只责备推销员（直销部门），应视为大家共同的责任，而加以反省与检讨。 （3）不可太固执于自己的企划；应随着情势的变化，迅速地修正企划
销售部门应注意事项	（1）关于销售的促进，不可以完全依赖销售企划部门。 （2）让各科实行独自的销售计划。 （3）综合性的、基本性的销售计划所需的情报和构想，应由销售经理提供。 （4）销售部门是否能够提高销售，这完全是经理的责任

2.27 协助经销商销售工作细节描述（表2-27）

表2-27 协助经销商销售工作细节描述

项目	内容
有效的实施方法	（1）有关协助经销商方面，销售部门要订定年度方针和实施计划。 （2）设有专门组织（销售企划科等）时，应该让经办的科长，制订计划和细则。 （3）指导、援助经销商前，要特别研究，应使用何种具体的方法，才会收到最理想的效果。 （4）预算必要的经费和提出这些经费的依据。 （5）除了资金或物质方面的协助外，还要特别注重人事方面的协助

续表

项目	内容
培育指导人员	（1）最重要的是培育专业的指导人员，才能指导经销商，使之增加销售。 （2）不要让经销商以他们个人的经验来经营或求发展，而应有组织、有制度地教导他们
与负责的推销员连紧	（1）要与负责的推销员经常洽商，以便密切的交换情报。 （2）适时地测定销售效果。 （3）教导第一线的推销员有关协助经销商的知识

2.28 广告宣传管理细节描述（表2－28）

表2－28　广告宣传管理细节描述

项目	内容
宣传、广告政策	（1）应将宣传、广告政策，当作市场开发的一环。 （2）根据营业与销售的基本政策、销售战略，订定与之有密切关系的宣传、广告政策。 （3）有关宣传、广告方面，应同业务部门的干部开研讨会，及时调整政策
宣传、广告业务的管理	（1）宣传、广告业务的管理应由宣传科或销售促进科或销售企划科等专人管理，并且最好能够予以专门化。 （2）宣传、广告预算要在年度计划中，依广告主题、内容、方法编列预算。 （3）当销售各科一起研商时，不要以个人的构想或外行人的技术为依据，应尽量采用专家的意见
借助公司外的机构、专家时	（1）不要以过去的人际关系、惯性等而随便签约。 （2）应该要保持自主性，不可完全依赖他人。 （3）签约时，应毫不客气地提出自己的意见、期望及条件。 （4）对于每一次的广告主题，都要充分地洽商、研究

2.29 展示会、旅行招待会操作细节描述（表2－29）

表2－29 展示会、旅行招待会操作细节描述

项目	内容
要点	（1）企划时，不要完全依赖高阶层上司、经理的构想，特定部下的意见，过去计划的惯性，同行业的做法。 （2）要特别重视利润。利润的算法可以采用个别计算各展示会、旅行招待会的利润，以及综合计算一定期间内所有的展示会、旅行招待会的利润两种。 （3）尽早订立计划。计划前应充分地调查、分析、研讨。 （4）会场上要用和谐的态度，主动地招待顾客
展示会的要诀	（1）不可依照销售经理的喜好，来选择展示会的商品。 （2）销售经理应亲临租用的会场察看。 （3）销售经理要亲自邀请主要的客户务必莅临
旅行招待会的要诀	（1）事前要确知参加者的姓名、人数，并特别留意参加者是否携带家眷或同伴。 （2）分配房间时，销售经理应成为中心人物，尽量使气氛热闹

2.30 情报管理工作细节描述（表2－30）

表2－30 情报管理工作细节描述

项目	内容
情报的内容	（1）情报越多越好，其内容要彻底的研究。 （2）取决情报的内容，应从营业销售促进、业务的经营等不可或缺的部分开始。 （3）销售经理、科长及关系者应共同协商，对于情报的内容，加以取舍选择

续表

项目	内容
情报的收集方法	（1）情报收集的来源，分为公司内部和公司外部。 （2）有关公司内的情报，销售部门应决定，各方情报由各特定的人员负责，及收集情报的方法。 （3）对于公司外的情报的收集法，更应讲究。特别是对于非公开的、机密性的情报，要个别研究其收集法
情报的活用	（1）情报应有系统地分类整理，以便随时采用。 （2）情报的目的在于活用，因此，应让关系者彻底明了情报的内容及其活用的方法。 （3）情报、资料应不断地新陈代谢

2.31 销售计数管理细节描述（表2－31）

表2－31 销售计数管理细节描述

项目	内容
计数管理的内容	计数管理的主要项目如下： （1）与销售及利润有关的销售额、退货减价、进货、毛利、存货额、存货周转率、经费、收款、回收率及其他。 （2）与劳动生产力有关的个人平均销售额、附加价值、利润、其他交易额、出勤率、工作效率等。 （3）各种计划的预估与实绩间的差异。 （4）计数分析数值。 （5）其他
计数意识及正确的实施法	（1）管理者应让部下了解数字的重要性、计数所产生的计划与行动、根据计数所做的评价等。 （2）切莫捏造数字或玩弄计数
预估、实绩的研讨与对策	（1）销售经理果断地研究自己所管部门的科、股、个人（个别的推销员、客户、商品等）的预估与实绩。 （2）要查明预估与实绩间产生差异的因素，及时拟定对策与方法

2.32 配销工作细节描述（表2－32）

表2－32 配销工作细节描述

项目	内容
销售目标的修订工作	（1）依分公司、科、个人的努力，编订可能实现的销售目标。 （2）尽量依照利润本位（营业利润、毛利、大概的附加价值等），分配销售目标。 （3）分配销售目标时，要考虑各部门、各人的能力、特质等
尽量朝着目标管理的方向努力	（1）要将上司分配的销售目标，当作自己（或者是科、股）的挑战目标，努力实行。 （2）个人的销售额总计，最好能符合公司的销售目标。 （3）销售经理应教导部属，使之具有达成目标的观念。 （4）管理者应努力提高部属的观念，这是欲达成目标所必需的最重要工作
分配额的调整与检讨	（1）公司内、外的情势激变时，要慎重地调整分配目标。 （2）不可忽略实绩与结果的检查，以作为再挑战的参考

2.33 交货、送货工作细节描述（表2－33）

表2－33 交货、送货工作细节描述

项目	内容
严守交货日期	（1）有些推销员或出货、交货的经办人不太重视交货日期，这种观念要改进。 （2）接受订单时，对交货日期要有把握方可。 （3）接受已无存货的订单时，需先确定进货的时间。 （4）销售经理应经常留意下属是否严守交货日期

续表

项目	内容
出货的注意事项	（1）最好设置出货、交货的专门部门或负责人。 （2）交货期较长或分期交货的，应依订单的内容作交货管理。 （3）若发生迟延交货的情形或送错货物的情况时，应分析其原因，并图谋对策
委托外公司操作时	（1）欲决定是否应委托公司外的专门业者时，除了考虑经济因素外，亦需考虑营业、销售的综合利润。 （2）应对专门业者作必要的教导与指示，以防客户对公司产生不良的印象。 （3）要与专门业者密切的洽商、联系

2.34 货款回收工作细节描述（表2－34）

表2－34 货款回收工作细节描述

项目	内容
防止呆账	（1）要让推销员彻底地明了收回货款才算完成销售。 （2）准备以信用制度交易前，应彻底作好信用调查，并决定正确的信用限度。 （3）交易开始后，需定期性的重新研讨信用限度。 （4）应迅速获得客户经营或支付情况的异常情报。 （5）若发现异常情况，应即采取必要措施（限制销售、促进回收货、设订担保物、其他）
债权管理及促进回收	（1）债权管理虽然属于推销员及财务经办人所辖，但不可将全部责任委任他们。 （2）销售经理对于各自的销售额、收款额、未收款额等，应经常留意是否异常。 （3）要特别注意把握实态，以免部属对未收货款、回收情况等，计算错误或作为呆账等。 （4）有关货款的回收，应经常叮嘱经办人，以期收到良好的效果

2.35 减价退货业务处理工作细节描述（表2－35）

表2－35　减价退货业务处理工作细节描述

项目	内容
决定实施标准	（1）不可让推销员依个人的判断，随意决定减价或退货。 （2）应列出减价及退货的限度及其标准。 （3）减价及退货均应获得销售经理的同意始可
把握实际的情况	（1）减价、退货时，一定要开传票，以保留确切的记录。 （2）把握全体及个别（经办人类别、客户类别、商品类别、季节类别及其他）减价、退货的金额、比率、件数等。 （3）需和财务部门（或负责账务者）保持业务上的密切联系
减价、退货的减少及预防政策	（1）应加强指示及提醒关系者有关减少、防止减价与退货方面的问题。 （2）彻底分析减价、退货的原因，从主要原因着手处理。 （3）切莫强迫推销员达成一定的销售额，以免遭到退货

2.36 索赔问题处理工作细节描述（表2－36）

表2－36　索赔问题处理工作细节描述

项目	内容
销售索赔	（1）销售上的索赔，大多是有关交易方面的问题，即商品、价格、交货期、服务及其他方面的问题。 （2）对于索赔，无论大小，应慎重处理。 （3）防止索赔问题的发生才是根本的解决问题之道，不可等索赔问题发生时才图谋对策

续表

项目	内容
销售部门的处理	（1）要迅速、正确地获得有关索赔的情报。 （2）索赔问题发生时，要尽快制定对策。 （3）销售经理对于所有的资料均应过目，以防部下忽略重要问题。 （4）每一种索赔问题，均应制定规范的处理方法（处理规定、手续、形式等）
要与制造部门等联络	（1）有关商品（制品）方面的索赔，大多与制造部门有关。 （2）要访问经办人或听其报告有关索赔的对策、处理经过、是否已经解决等。 （3）与制造部门保持联系，召开协议会

2.37 标价包装操作细节描述（表2－37）

表2－37　标价包装操作细节描述

项目	内容
销售部的注意事项	（1）厂商、批发商等，有时会集中在销售商的管辖内，做标价、品质检验、包装等工作。 （2）这是商品的最后作业，对品质及交货日期的管理是相当重要的工作，经办的销售经理切不可忽视
作业效率化	（1）经常与顾客及制造包装的厂商交涉，以减少作业量。 （2）经常研讨设备、机械、工程、作业方法等，设法提高作业效率。 （3）积极地采用作业者的意见及构想。 （4）力求作业环境的舒适
质量管理的注意事项	（1）质量管理兼具检查的工作，故应订定质量检验的标准。 （2）错误的标价及不良的包装，除了会造成直接的损害以外，公司的营业政策亦会蒙受不利，故应增强质量意识，彻底地实施管理与监督

2.38 销售事务管理工作细节描述（表2-38）

表2-38 销售事务管理工作细节描述

项目	内容
销售事务的重视与指导	（1）销售事务是销售服务上的关键，切不可有错误发生。 （2）除了销售事务经办人等专门人员外，有不少推销员忽视事务性的工作或处理事务的能力不足。 （3）销售经理对事务需具备正确的了解与知识，并反复地指导部属。 （4）务必让所有的关系者遵守事务的处理规定
销售事务的组织与制度	（1）销售事务在组织上应专业化，并设立专职的职员。 （2）尽量让推销员专心销售，不要让他们处理事务性的工作。 （3）销售事务是根据询价、估价、接订单、制造（出仓）、交货、收款、进账等的综合效率所订的事务制度
销售事务的改善	（1）研究效率最高的事务处理法，并经常予以检讨。 （2）利用电子计算机及其他机械，以求机械化、省力化
与分公司保持良好的关系	（1）总公司的销售部主动与分公司竞争是一种好现象，但不能导致对立或不协调。 （2）销售经理需特别留意，保持相互间的良好关系
协调与联络	（1）要密切地实施销售战略上的协调与业务上的联络、洽商及情报交换。 （2）应特别注意彼此间意见的沟通，以免发生误会或不协调。
访问、指导、激励	（1）总公司销售部的经理，应尽量找机会访问分公司，不可总是把分公司的人叫到总公司来。 （2）访问分公司时，需作必要的指示、教导、激励与慰问。 （3）不要仗着总公司的威风，烦扰分公司的人

2.39 对推销员管理工作细节描述（表2-39）

表2-39 对推销员管理工作细节描述

项目	内容
推销活动的特征	（1）推销员必须离开公司，远离上司，依自己的责任行动。 （2）推销活动的管理以自我管理为主体，故提高推销员的道德心及责任感是最重要的事
行动报告制作	（1）各推销员的行动预定表，应由他们自己制作、自己提出；以一个月或一个时期为单位，记录每天访问的地点及事项。 （2）按日报告（或按周报告）不仅达到行动管理的目的，同时也是情报管理上的重要事项。 （3）每日（早晨或黄昏）开会需以上司为中心，以作必要的指示及正确的指导
出差管理	（1）近距离或住宿出差，要让职员提出申请（预定），并审阅出差内容。 （2）长期性的出差，有关经过与成绩应让部属作定期性的报告与联络（利用文书、电话等）。 （3）应规定期限内，完成旅费的清算

2.40 销售会议管理细节描述（表2-40）

表2-40 销售会议管理细节描述

项目	内容
必要时才开会	（1）必要、不可缺的洽商、讨论时，才召开会议。 （2）销售部门的主要会议为销售干部会议，各科、股的洽商会议，与制造部门（或提供货源的厂商）的协调会议等

续表

项目	内容
会议的进行法则	（1）议题要在事前通知参加者。 （2）要严守时间（开始与结束的时间）。 （3）理应参加者，均应出席。 （4）设一司仪，依程序进行会议。 （5）不可变成特定者或个人的讲演会。 （6）尽量让多数人发言。 （7）最后应将决议事项整理好，让参加者确认。 （8）应在短时间内完成会议（时间不加节制的会议，只是浪费时间而已）
销售经理的注意事项	（1）不要随便开会，不要变成喜欢开会的人。 （2）不要变成销售经理个人的演讲会。 （3）会议中所决定的事情，要确实地施行

2.41 销售经费管理细节描述（表2－41）

表2－41　销售经费管理细节描述

项目	内容
经费分配	（1）经费有①销售投资、促销费用（广告宣传费、交际费等），②附带经费。 （2）①及②应分别处理，尤其是①的费用若随便限制、减少的话，销售活动将不能活泼，而日趋衰退。 （3）任何投资都要得到效果，因此，必须节省不必要的经费
独立的会计制度或预算控制制度	（1）销售经费需依各种科目，编列年、月预算。 （2）除3列预算的金额外，并应列预算所根据的数值、实施的项目及方法。 （3）销售经理对于细目均应亲自过目、研讨、审阅
经费管理办法	（1）要迅速正确地把握预算与实绩的差异。 （2）要仔细研讨变动费用（运费、出差旅费等）与销售额间的关联。 （3）销售经理需不断地加强节省经费、成本意识等的教育

2.42 销售统计细节描述（表2－42）

表2－42 销售统计细节描述

项目	内容
统计内容的决定	（1）作太多的销售统计，徒劳而无功，故只要把必要的加以统计并迅速正确地做好即可。 （2）应以销售经理为中心，与有关人员共同协议，确定何种统计为必要的。 （3）适时地检讨统计的内容，就会发觉有些统计是不必要的
统计的做法	（1）尽量节省手续及时间。 （2）有效地利用电子计算机及其他计算机器。 （3）利用其他部门（如财务、企划、制造部门）所做的统计资料。 （4）当同一销售部门的各单位需作同样的统计时，应由一个单位作好后，再送给有关的单位
统计资料的有效运用	（1）统计的结果大多与经验或直觉不尽相符，故不可轻视统计。 （2）能够有效地运用统计于销售促进方面，才是最重要的。销售经理与全体有关人员应对统计资料发生兴趣，并运用于销售的业务中

2.43 店内商品陈列工作细节描述（表2－43）

表2－43 店内商品陈列工作细节描述

项目	内容
集思广益	（1）应集思广益，以使店内有更好的配置及陈列。 （2）广益包括客户的意见、批评；从业员的意见、构想；其他公司（或其他店）的情报；专家的智慧等。 （3）不可按照销售经理个人的喜好或偶发的构想来配置、陈列。 （4）要力求简单，不必太花费功夫、费用，应作各种尝试

续表

项目	内容
改装、增新设备的问题	（1）事前需作充分的调查、分析及仔细的企划。 （2）要预估改装、增新设备所引起的损益是否合算。 （3）尽量排除乐观性的预测，要以客观的态度计划与实施
请教专家	（1）若公司内有专门的单位或人才，应予利用。 （2）若进货的厂商或批发商有专门的机构（或人），应主动地请求意见。 （3）若欲利用分公司以外的专家时，应先充分地确定对方的能力

2.44 进货管理工作细节描述（表2-44）

表2-44 进货管理工作细节描述

项目	内容
指定进货的承办人	（1）若进货事项归销售部门管辖，那么一定要指定进货的承办人。 （2）要选用具有商品知识、通晓进货厂家、有交涉能力、办事周详、诚实的人。 （3）销售经理应常留意进货业务
进货计划与管理	（1）进货计划以销售计划及存货计划为基础，故应先确立基本的计划方可。 （2）若依各销售部、分店、营业处独立进货与存货所发生的浪费现象，则必须注意总体性的控制。 （3）进货及付款的日期，需与财务部的经办人联络、协调。 （4）若有资金调动优先的情况时，要特别严守其进货管理制度（要与财务部保持联系）。销售经理应详查有无过度进货
进货来源的管理	（1）制作进货来源卡，以判断各进货来源的动向与成绩。 （2）销售经理应尽量访问进货厂家，与之保持良好的关系，并收集促销的情报

2.45 商品数量管控工作细节描述（表2－45）

表2－45 商品数量管控工作细节描述

项目	内容
适当的存货	（1）商品应设立适当的存货标准，据以补货（或退货）。 （2）除了从销售方面检查适当的存货外，亦应从利息方面检查存货量。 （3）若另外设立商品中心（销售部管辖外），应与之保持适当的联系
商品的进货与出货手续	（1）若有正式的存货设备，存货量多时，应设仓库的负责人（专职者）。 （2）进货、出货均应按所规定的传票实行。总公司与分公司间的进货、出货亦应比照规定。 （3）进货、出货的记录，应考虑记录的利益与记录所需的手续的相关性，应采取利益多的记录方法。 （4）样品的管理容易受忽视，关于这一点，要加以注意
盘存的清查	（1）尽量每个月清查盘存，至少应三个月至六个月作一次。 （2）清查盘存可明了公司全部营业的正确损益情形，这是公司的盈亏管理所必需的手续

2.46 寻找潜在客户细节描述（表2－46）

表2－46 寻找潜在客户细节描述

项目	内容
从你认识的人中发掘	在你所认识的人群中，可能有些人在一定程度上需要你的产品或服务，或者他们知道谁需要。这些人包括你现有的客户、过去的客户、亲戚、朋友、熟人、同事、同学、邻居、你所加入的俱乐部或组织的其他成员等。你需要的是同他们沟通交流
从商业联系中寻找机会	商业联系比社会联系容易得多。借助于各种交往活动，你可以更快地进行商业联系。许多行业都有自己的协会或俱乐部，在那里你可以发现绝佳的商业机会

续表

项目	内容
善用各种统计资料	国家相关部门的统计报告，行业、研究机构、咨询机构发表在报纸或期刊等上面刊登的调查资料等
利用各种名录类资料	如客户名录、同学名录、会员名录、协会名录、职员名录、名人录、电话黄页、公司年鉴、企业年鉴等
阅读报纸、杂志和有关的专业出版物	事实上，这是一条最有效地寻找潜在客户的途径。把你认为有价值的信息都摘录下来，然后进行简单归档整理，你会发现这些信息为你提供许多重要的商业机会
充分利用互联网络	（1）信息高速公路向你展示的不仅是它惊人的速度，更重要的是信息的数量和广度。 （2）在网络世界里，你可以很容易找到大量潜在的客户，同他们建立商业联系。把你的产品或服务介绍给他们，让他们变成你真正的客户。 （3）还有很多更好的方法去发现潜在的客户，如面对面交谈，通过电话、邮件等方法，重要的是你要敢于尝试并充分利用它们

2.47 窜货的表现形式细节描述（表2－47）

表2－47　窜货的表现形式细节描述

项目	内容
经销商之间的窜货	（1）经销制是企业通常采用的销售方式，企业在开拓市场阶段，由于实力所限，往往把产品委托给销售商代理销售。 （2）销售区域格局中，由于不同市场发育不均衡，甲地的需求比乙地大，甲地货供不应求，而乙地销售不旺，为了应付企业制定的奖罚政策，乙地想方设法完成销售份额，通常将货以平价甚至更低价转给甲地区。 （3）企业将咽下苦果：销售假象使乙地市场面临着在虚假繁荣中的萎缩或者退化，给竞争品牌以乘虚而入的机会，而重新培育市场要付出巨大代价，乙地市场可能由此而牺牲掉

续表

项目	内容
分公司之间的窜货	（1）分公司制通常是有强大实力的企业在各销售区域分派销售人员，组建分公司，相对独立但又隶属于企业的营销制度。 （2）分公司的最大利益点在于销售额，为了完成销售指标，取得业绩，往往将货卖给销售需求大的兄弟分公司。 （3）分公司之间的窜货将使价格混乱，最后导致市场崩溃
企业销售总部“放水”	企业由于管理监控不严，总部销售人员受利益驱动，违反地域配额政策，使区域供货平衡失控，造成市场格局不合理
倾销过期产品	（1）经销网络中的销售单位低价倾销过期或者即将过期的产品，是窜货的第四种表现方式。 （2）在食品、饮料、化妆品等有明显使用期效的产品到期前，经销商为了避开风险，置企业信誉和消费者利益于不顾，采取低价倾销的政策将产品倾销出去，扰乱了价格体系，侵占了新产品的市场份额
销售假冒产品	（1）另一种更为恶劣的窜货现象：经销商销售假冒伪劣产品。 （2）假冒伪劣产品以其超低价诱惑着销售商铤而走险。 （3）销售商往往将假冒伪劣产品与正规渠道的产品混在一起销售，掠夺合法产品的市场份额，或者直接以低于市场价的价格进行倾销，打击其他经销商对品牌的信心

2.48 窜货危害细则描述（表2－48）

表2－48　窜货危害细则描述

项目	内容
降低经销商对品牌的信心	（1）经销商对产品品牌失去信心。经销商销售某品牌产品的最直接动力是利润。 （2）一旦出现价格混乱，销售商的正常销售就会受到严重干扰，利润的减少会使销售商对品牌失去信心。 （3）销售商对产品品牌的信心树立最初是广告投放，这是空中支持，其次是地面部队的配合，就是营销监控，即企业对产品质量、价格的监控。 （4）当窜货引起价格混乱时，销售商对品牌的信心就开始日渐丧失，最终导致拒售商品

续表

项目	内容
吞蚀消费者对品牌的信心	（1）混乱的价格和充斥市场的假冒伪劣产品会吞蚀消费者对品牌的信心。 （2）消费者对品牌的信心来自良好的品牌形象和规范的价格体系
危害企业的正常经营	（1）窜货现象导致价格混乱和渠道受阻，严重威胁着品牌无形资产和企业的正常经营。 （2）在品牌消费时代，消费者对商品指名购买的前提是对品牌的信任。 （3）由于窜货导致的价格混乱会损害品牌形象，一旦品牌形象不足以支撑消费信心，企业通过品牌经营的战略将会受到灾难性的打击。 （4）企业之所以能在不长的时期内塑造一个名牌，是因为适逢市场转型这样一个时代机会，一旦我国市场经济体制完善，市场瓜分完毕，企业再想通过白手起家创名牌，那是非常困难的。在市场经济发育成熟的国家，塑造一个名牌极为不易，新品牌成功概率只有5%左右，也就是说100个品牌中有95个是失败的。 （5）对品牌的完全管理，其实就是一个品牌保值的过程。窜货问题作为品牌管理的重要方面，应该引起营销人员高度重视

2.49 窜货应对管理细节描述（表2－49）

表2－49　窜货应对管理细节描述

项目	内容
堵住源头	（1）企业销售应该由一个部门负责。多头负责，令出多门最容易导致价格的混乱。这种现象多数源自行政部门对销售部门的干扰。 （2）在部门责权明晰的企业，即使企业最高首脑要货，也须通过销售部门按企业法定价格办理，企业维护了产品的价格法统，在一定程度上就堵住了源自企业内部的窜货源头
加强对销售通路的管理	（1）销售通路是窜货发生的渠道，因此规范了通路，就有可能从根本上抵御了窜货的入侵。 （2）建立销售通路，首先要做到科学有效，但是通路的安全性绝对不应被忽视。所谓通路安全，主要是指通路上产品价格的规范和稳定。通路要安全，必须加强对销售通路的有效管理。

续表

项目	内容
加强对销售通路的管理	（3）影响通路安全的另一个容易被忽视的因素就是对销售终端的管理。比如，在窜货最容易发生的地方——小商品批发市场，如果它的销售价格低于一级、二级代理商，后者的利益将受到威胁，一、二级代理商很有可能降价来保护自己。因此，小商品批发市场的销售价格一定要高于一、二级代理商。 （4）销售终端的管理还包括对商场的监控。营销人员管理商场有两项任务，一是管柜台形象，二是价格管理。如果价格有明显变化，应该及时找出原因，其中重点是向上搜索一、二级代理商渠道，检查有无窜货现象发生
实行产品代码制	（1）实行产品代码制，便于对窜货做出准确判断和迅速反应。 （2）代码制是指给每个销售区域编上一个唯一的号码，印在产品内外包装上，一旦在甲地发现乙地产品，就应该做出快速反应
实行奖罚制	（1）发生窜货的两地，必有其他经销商由于利益受损而向企业举报，对于举报的经销商，应该给予奖励。对于窜货商，应该立即停止向其发货，重新选择经销商。 （2）窜货是一种极易被忽视，但对品牌和企业经营杀伤力很强的营销病症。特别是对有深厚品牌积累的企业，忽视窜货，有可能导致千里之堤，毁于蚁穴。因此，企业应该对通路安全给予足够重视

2.50 窜货管控策略操作细节描述（表2－50）

表2－50 窜货管控策略操作细节描述

项目	内容
产品策略	（1）产品包装区域差异化。在不同的区域市场上，相同的产品采取不同的外包装形式，通过对产品不同外包装的识别，可以在一定程度上控制窜货。 （2）实现产品外包装区域差异化的主要措施有：一是实行产品代码制，即在产品的内外包装上印上给每个销售区域产品编上的一个唯一的号码；二是产品商标颜色差异化，即同种产品的商标在不同的地区，在保持其他标识不变的前提下，采用不同的颜色加以区分；三是通过文字标示，即在每种产品的外包装上印刷“专供某某地区销售”的字样。

续表

项目	内容
产品策略	（3）产品包装差异化能准确地监控产品的去向，使得经销商在窜货上会有所顾忌，不敢贸然行动。即使发生了窜货，也可以追踪产品的来龙去脉，为企业处理窜货事件提供真凭实据。所以说产品包装差异化带给厂家的是在监控和解决窜货问题上的主动权。 （4）允许退货与经销商共担风险。为防止经销商在处理滞销、积压产品上发生窜货乱价行为，企业建立与经销商共担风险的制度，允许一定程度上、一定条件下的退货
价格策略	（1）企业应建立完善、公正的价格体系。紊乱不健全的价格体系是窜货的重要源头之一，一些企业在制定价格策略时，由于考虑不周，隐藏了许多可导致窜货的隐患。 （2）企业在制定价格时，可将销售网络内的经销商分为总经销商、二级批发商、三级零售商，分别制定总经销价、出厂价、批发价、团体批发价和零售价等。 （3）在确保销售网络中各个层次、各个环节的经销商都能获得相应利润的前提下，根据经销商的出货对象规定严格的价格，控制好每一层级的利润空间，以防止经销商跨越其中的某些环节，进行窜货活动
促销策略	（1）制定现实的营销目标。企业在进行促销时，要制定现实的营销目标与稳健的经营作风。在对现有市场状况进行调研总结和对自我资源进行评估后，制定符合实际的营销目标，不应急功近利，避免寄希望于巨奖、人海战术、广告轰炸等战术来打开市场。 （2）制定完善的促销政策。企业在制定促销政策时，应注意政策的持续激励作用，防止一促销就窜货，停止促销就销不动的局面发生。制定的促销政策应能协调厂商与总经销商以及各地总经销商之间的关系，为各地总经销商创造平等的经销环境。奖励措施应当充分考虑合理的促销目标、适度的奖励措施、促销时间的控制、严格的兑奖制度和市场监控，确保整个促销活动是在受控之下进行的，不会出现失控的现象。 （3）良好的售后服务。随着行业内技术的发展与成熟，产品的差异化越来越小，服务之争成为营销竞争的一个新亮点。完善周到的售后服务可以增进厂家、经销商与顾客之间的感情，培养经销商对企业的责任感与忠诚度。企业与渠道成员之间建立良好的关系，在一定程度上可以控制窜货的发生，经销商为维系这种已建立好的关系，是不会轻易通过窜货来破坏这份感情的

续表

项目	内容
分销策略	（1）完善的专营政策。区域专营政策制定的关键是法律手续的完备。企业在制定专营政策时，要对跨区域销售做出明确的规定，制定相应的政策来约束相应的行为，并使其在法律上生效，产生法律效力。另外，还应认真考虑规划相关联的价格政策、返利政策等。 （2）专销商制度及地区销售公司。专销商即只经营一种品牌产品的经销商。这种制度使经销商与厂家结成利益共同体，经销商对产品的热情高，对企业的忠诚度高并能及时向厂家反馈市场信息。地区销售公司是以资产为纽带、以品牌为旗帜的区域销售公司，它将厂家和各经销商的利益捆绑在一起，以实现价格自律服务自律
硬性策略	（1）协议。即用合同来约束总经销商的市场行为。由于销售网络管理者和各地经销商之间是平等的企业法人之间的关系，销售网络不可能通过上级管理下级的方式来实现，只能通过签订《总经销商合同》来实现。在合同中明确加入“禁止跨区销售”的条款，将总经销商的销售活动严格限制在自己的市场区域之内。另外，在企业内部业务员之间也可以签订不窜货乱价协议。 （2）惩罚。对发生跨区销售行为的总经销商按跨区销售行为的严重程度分别给予警告、停止广告支持、取消年终返利和取消经销权等处罚，对窜货行为起一个惩戒的作用。另外，还可以将业绩的考核与窜货挂钩。 （3）组成商会。商会由每一个地区的所有经销商组成。经销商以一定的会费（用于商会的运作）参与商会，商会成员之间达成协议，相互监督，并制定一些将窜货纳入考核的奖惩措施。如立白与格力都已采用了商会制度来控制和防止窜货

2.51 窜货预防工作细节描述（表2－51）

表2－51 窜货预防工作细节描述

项目	内容
根据区域销售特点来预防窜货	（1）不同的区域，由于其生活环境及消费水平的差异，在消费习惯上也有很大的差异性。也就是说，在区域市场A畅销的产品，到了区域市场B就可能滞销。如果B区域经销商突然开大量的A区域畅销产品（并不适合自己区域销售）时，就可能有窜货的企图，就要与B区域经销商进行沟通，预防他窜货。 （2）财务部门与业务人员联系特别紧密，现在多是现款现货，每笔业务必须经过财务人员的手才能得以成交。因此财务人员对于每个区域销售何种产品要非常清楚。只要公司制定一个有效的防窜流程，将预防窜货工作纳入财务工作的日常基本工作中，必将会减少窜货现象的发生

续表

项目	内容
重点客户，重点防范	对于一些窜货专业户，由于其窜货手段较为隐蔽，每次都将厂家各项防范措施（如外包装条码、区域标志等）先破坏后，再将货窜到其他区域去，使得厂家每次都因没有充分证据而不好将之“绳之以法”。对于此类专业户，应对其货物在常规防范措施上再增加一些特殊措施
开拓保护区，与当地工商部门联合打击	（1）由于经销商的努力，有时个别产品在某地会处于畅销状态。因此，为了维护经销商的利益和增加公司销售，就要对这部分区域进行特别保护，以防由于窜货造成市场混乱，造成严重损失。 （2）对于如何进行特别保护，各个厂家都有自己的办法，有的厂家是实行区域专卖，专门为这些区域商家开发专销产品，与其他经销商的产品区别开来。有的厂家是开辟一个隔离带，在数百公里的隔离带中的市场都不让经销某一区域的畅销品牌。 （3）这些措施有时能起到一定的效果，但是积极的办法就是与当地工商部门联手进行预防。厂家和经销商与本地的工商部门结成良好关系是绝对必要的
业务人员严惩不贷，看牢经销商	（1）业务人员应该对自己辖区内的情况非常了解，对经销商能销多少货、销什么货、货销到哪里、怎么销都应该有一定的预测及把握。 （2）经销商是否窜货，业务人员是非常清楚的，有时还是个别业务人员协助经销商进行窜货。 （3）一经查出窜货行为，应立即将业务人员作下岗或待岗处理，并且永远不再让其从事营销活动，对所窜产品的销售额以一定比例列入被侵入区域的销售额中，以儆效尤。 （4）有时会有一些业务人员是被冤枉的，但是只有用一视同仁、不讲原因的“铁腕”政策才能让所有业务人员都有危机感，才能让他们牢牢看紧经销商的销售活动，减少窜货现象的发生。 （5）上升到制度方面，同时要将区域范围内的价格保持、窜货控制及销售政策执行等与业务人员的考核相挂钩
合理配置网络资源	（1）为了减少窜货现象的发生，就要合理配置网络资源。 （2）以“板块市场”为中心，一级经销大户为核心，依靠一级经销商及各级营销人员的参与，对一级经销大户的二级经销商予以管理、控制、服务和指导。同时在原有网络结构基础上优化整合部分一级经销商。 （3）突出以大户为中心，构建较为完善的板块市场。结合公司营销战略布局，吸纳转化部分一级经销商为周边实力强、网络全的一级经销大户的二级经销商。同时在优化整合阶段，给予其享受一级经销商的部分销售政策。 （4）考察经销商网点区域布局是否合理时，要综合考虑经销商的经济实力，软硬件措施及城乡交通等因素。

续表

项目	内容
合理配置网络资源	（5）要求经销商全年形成平衡销售，具体要求在板块市场网络内的经销商的销售时段分布与公司销售目标、序时进度一致，要符合产品的淡、旺季规律，呈现平衡发展。 （6）各级营销人员对板块市场的网络管理、控制、服务要及时、到位、有效。 （7）帮扶一部分有实力的经销商构建布局合理、健全完善的营销网络体系。 （8）这样通过合理布局，一方面增强市场竞争实力，另一方面也能有效预防窜货现象的发生
优化产品结构	（1）公司的市场信息部门应加强对产品销售信息的收集与研究，对畅销的产品要研究其销售态势，对部分产品进行归类经营。 （2）某公司通过对产品分析发现，一部分老产品实际上只在个别区域畅销。例如，A产品在B市场的年销售总额占公司A产品销售总额的70%以上，针对这种情况，为了保证市场秩序，该公司就将A产品收回，只交给B市场的一级经销大户C销售，其他市场的经销商要想销售A产品也要从C手中拿货，销售额算作C的销售，年终参与返利。这样，有效地防止了老产品由于价格透明而导致市场不好操作，同时也有效地防止了窜货等不正当的市场行为的发生。提高了经销大户的销售积极性
其他	（1）在实际的操作中，厂家预防窜货的措施还有很多，如实施地区编码识别管理、严格限定经销区域管理、外包装区域差异化管理、对销售价格进行限定管理、定期分析各经销商的销售、库存与市场状况，及时防止货物过多与脱销引起的窜货等。 （2）不恃敌（窜货）之不来，恃吾有（预防措施）以待之。厂家应在实践中不断开发新的预防措施，保证能在既有资源下最大限度地预防窜货现象的发生。 （3）厂家应不断提高自身管理能力及业务操作能力，争取不给窜货以可乘之机

2.52 销售渠道结构搭建工作细节描述（表2－52）

表2－52　销售渠道结构搭建工作细节描述

项目	内容
销售渠道长度结构	（1）商品销售渠道的模式很多，一般按渠道中是否有中间环节和中间环节多少的不同来划分为不同位数的销售渠道。 （2）在消费者市场，企业面对的最终顾客是家庭和个人，即是最终消费者。一般策划有以下几种长度不同的销售渠道可供选择： ①生产者→消费者。即企业自己派人推销，或以邮购、电话购货等形式销售本企业的产品。这种类型的渠道由生产者把产品直接销售给最终消费者，没有任何中间商的介入，是最直接、最简单和最短的销售渠道。 ②生产者→零售者→消费者。即由企业直接向零售商供货，零售商再把商品转卖给消费者。这种模式被消费品和选购品的企业所采用。 ③生产者→批发商→零售商→消费者。这种模式是消费品分销渠道中的传统模式。 ④生产者→代理商→零售商→消费者。许多企业为了大批量销售产品，通常通过代理商，由他们把产品转卖给零售商，再由零售商出售给消费者。 ⑤生产者→代理商→批发商→零售商→消费者。一些大企业为了销售特定产品或进入特定的市场，常需经代理商、批发商卖给零售商，最后到消费者手中
销售渠道的宽度结构	（1）宽度结构是根据企业在同一层次上并列使用的中间商的多少，企业的销售分宽渠道和窄渠道。 （2）宽渠道是指企业使用的同类中间商很多，分销面很广，一般日用品都通过宽渠道销售，由多家批发商转售给更多的零售商进行分售。这种分销渠道能够大量地销售产品，与消费者接触面广。 （3）窄渠道是指企业使用同类的中间商很少，分销面窄，甚至一个地区只由一家中间商经销。窄渠道一般适用于专业性较强的产品或较贵重的耐用消费品。 （4）宽渠道的宽度的选择及策划，与企业的营销目标和分销战略有关。通常有以下三种可供选择的策略： ①密集型分销。即尽可能通过较多的中间商销售产品，以扩大市场覆盖面或快速进入新市场，使众多的消费者和用户能够随时随地买到这些产品。 ②选择型分销。即在同一目标市场上，依据一定的标准选择少数中间商经销其产品，而不是允许所有合作意向的中间商都参与经销。这种战略的重心是维护企业、产品的形象和声誉，建立和巩固市场地位。

续表

项目	内容
销售渠道的宽度结构	③独家型分销。即企业在一定时间、一定地区，只选择一家批发商或零售商经销其产品。 （5）通常双方订有协议，中间商不得经营其竞争者的产品，企业也不得向其他中间商供应其产品。这一策略的目的是控制市场，彼此得到对方更积极的配合，强化产品形象并获得较高的利润
销售渠道的系统结构	（1）销售渠道的纵向联合，又称垂直销售系统，是指用一定的方式将分销渠道中各个环节的成员联合起来，寻取共同目标下的协调行动，以促进分销活动整体效益的提高。这种纵向联合的分销渠道大致分为以下三种形式： 第一，公司式。即由一家公司拥有和统一管理若干工厂，批发机构和零售机构，控制销售渠道的若干层次，甚至整个销售渠道，综合经营生产、批发、零售业务。 第二，管理式。即通过渠道中一个规模和实力较大的成员来协调整个产销通路的渠道系统，品牌产品的制造商较能取得批发商的合作与支持。例如，柯达、吉利、宝洁等公司可能博得其中间商在产品陈列、展示、促销和价格政策方面的异乎寻常的合作。 第三，合作式。即不同层次的独立制造商和中间商，以合同为基础建立的联营形式。包括：批发商自愿连锁店；零售商合作社；特许专卖机构，如制造商组织的零售商特许专卖系统、制造商组织的批发商特许专卖系统、服务公司组织的零售商特许专卖机构。 （2）销售渠道的横向联合。又称水平式渠道系统，是由两家公司联合开发共同的渠道系统。 这些公司或因费本、生产技术，营销资源不足，无力单独开拓市场机会，或因不愿意承担风险，或因看到和其他公司联合可实现最佳协同效益， （3）渠道销售系统。即对同一或不同的分市场，采用多条渠道的分销体系。随着顾客分市场和可能产生的渠道不断增加，越来越多的公司采用多渠道分销方式。如通用电气公司不但经由独立零售商，而且还直接向建筑承包商销售大型家电产品。又如近几年国内的软饮料行业，同一品牌的产品罐装和瓶装的通过传统的营销渠道销售，而桶装的则通过使用专用的饮料分装机在大街小巷销售，更好地满足了不同顾客的需求。 （4）网络销售系统。这是一种新兴的销售渠道系统，也是对传统商业销售运作的一次革命。企业通过国际互联网络发布商品及服务信息，接受消费者或用户的网上订单，然后由自己的配送中心或直接由制造商通过上门或邮寄。 （5）在实际策划中应多角度考虑销售渠道的模式结构，根据产品与企业情况，选择最佳的渠道

2.53 销售渠道设计操作细节描述（表2-53）

表2-53 销售渠道设计操作细节描述

项目	内容
影响销售渠道设计的因素	（1）产品因素。产品因素包括价格、体积、款式、重量、技术、服务、易毁及容腐程度等，都直接影响销售渠道的选择。一般来说，选择较短的分销渠道的产品大多是昂贵的，款式多变，体积庞大、笨重，技术复杂，服务要求高以及易腐、易损，有效期短的产品。反之则选用较长的分销渠道。对有些专用产品的某些危险品最好选择专用渠道。 （2）市场因素。市场因素包括目标市场范围及消费者水平、顾客的消费习惯、需求的季节性及市场竞争状况等，都是企业选择分销渠道的重要依据。一般来说，目标市场范围大、潜在市场需求旺盛、消费水平较高、消费习惯要求购买方便的日用消费品、常年生产季节消费的商品、销量订单分散而定单量又少的市场都需要中间商提供服务，选择较长的分销渠道为宜；反之，选择较短的分销渠道为宜。 （3）企业自身因素。企业自身因素包括企业的规模、财力、声誉、经销能力与管理水平、服务能力等，都会影响企业对分销渠道的选择。一般来说，企业规模大、财力雄厚、声誉好、有较好的经营能力及处理水平、服务条件优越，往往能够选择较固定的中间商，甚至建立自己的分销机构，其分销渠道较短；反之，则需要较多的依赖中间商，选择较长的分销渠道。 （4）中间商因素。第一，合作的可能性。中间商普遍愿意合作，企业可利用中间商较多，渠道可长可短、可宽可窄；否则，只能够利用较短、较窄的渠道。第二，费用。利用中间商分销，要支付一定的费用。若费用较高，企业只能够选择较短、较窄的渠道。第三，服务。中间商可以提供较多的高质量服务，企业可选择较长、较短的渠道。倘若中间商无法提供所需要的服务，企业只能够使用较短、较窄的渠道。 （5）环境因素。这是指影响选择分销渠道的外部因素。宏观经济形势对渠道选择有较大的制约作用
设计销售渠道的基本要求	（1）销售渠道设计的标准。一般而言，设计一个销售渠道好坏的标准在于它是否以最快的速度、最好的服务质量、最经济的流通费用，把商品送到消费者手中，实现经营者的利益。要达到这一基本要求的销售渠道，必须具备以下条件：第一，能够不间断、顺利、快速地使商品进入消费者领域。第二，具有较强的辐射功能。一种产品从生产厂家把它生产出来一直到消费者手中，中间要经过许多环节。如果销售渠道的各个环节都具有较大的辐射功

续表

项目	内容
设计销售渠道的基本要求	能，可以从各个环节的辐射点开始，向周围辐射，从而可形成地域相当广泛的销售渠道，提高产品的生产占有率，扩大销量，增强企业的市场竞争力。第三，具有商流与物流一致性的特点。第四，能够带来显著的经济效益。一般来说，交易成功率高、物流速度快、流通费用少、资金周转快、销售环节少的销售渠道，经济效益就好；否则经济效益就不好。第五，有利于实现为消费者服务，保护消费者利益。一般比较好的销售渠道，不仅从自身的利益出发，而且还必须充分考虑消费者的利益，必须真正地为消费者服务。 （2）销售渠道设计的程序。企业在设计销售渠道时，必须在理想的渠道和实际可能得到的渠道之间做出选择。这一策划过程通常要经过分析消费者需要，建立渠道目标，确立可供选择的主要渠道以及对其进行评估等几个阶段。 第一，分析顾客对渠道服务提出的要求。这些要求通常表现在下列五个方面：批量小，交货时间短，购买方便，花色品种多以及提供服务能力与费用。 第二，建立渠道目标。即达成的服务产出目标。企业可以根据用户需求的不同服务和产出要求，划分出若干分市场，然后决定服务于哪些分市场，并为之选择和使用最佳渠道。 第三，假定可提供选择的渠道方案。渠道选择方案由中间商类型、中间商数目以及每一渠道参与者条件和相互责任三因素组成。具体是：选择中间商类型，确定中间商数目，规定渠道成员的条件和责任。 第四，评估渠道方案。评估方案可以从经济性、可控性和适应性等几个方面进行，经济性标准评估即主要是比较每一种方案可能达到的销售额水平及其费用水平。可控性标准评估即可控程度较低。渠道越长，控制问题就越突出，对此需要进行多方面的利弊比较和综合分析。适应性标准评估即主要是考察企业在每一种渠道承担的义务与经营灵活性之间的关系，包括承担义务的程度和期限
销售渠道系统的策略	（1）销售渠道系统的确定策略。 第一，确定渠道模式。即是采用直接营销渠道还是采用间接销售渠道，这需要从销售业绩和经济效果两个方面来考虑。销售业绩就是销售额的大小，一般来说是越大越好；经济效果就是利润额的多少，当然是越多越好。但这两个方面并非总是一致的，究竟以谁为重，应视企业的营销战略而定。 第二，确定渠道成员的数量。确定每个渠道层次使用多个中间商，即采取宽渠道还是窄渠道。在分销策划中，除了有三种可供选择的策略（密集型、选择型、独立型）之外，还必须对中间商的开业年限、经营产品范围、赢利与发展状况、财务支付能力、协作愿望与能力及信誉等级等予以考察评估。在实际操作中，企业选择中间商的难易程度有很大的不同；有些知名企业毫无困难，而有些企业则需费九牛二虎之力，才能够找到合意的中间商。

续表

项目	内容
销售渠道系统的策略	第三，确定渠道成员的责任与条件。一般情况下，相互的职责和服务内容包括供货方式、促销的相互配合、产品的运输和储存、信息的相互沟通等。交易条件主要包括价格政策、销售条件、区域权利等方面。价格政策要求企业必须制定出其产品具体的价格，并有具体的价格折扣条件，如数量折扣、促销折扣、季节性折扣等政策。 （2）销售渠道系统的管理策略。对销售渠道的管理工作主要是对中间商的激励、评估和调整。 第一，激励渠道成员。激励方法大致有以下几种：①向其提供物美价廉、适销对路的产品。中间商认为适销对路的产品是销售成功的一半，因而生产者提供符合市场需求的产品会受到中间商的欢迎。②促销支持。厂家应该承担推广宣传产品的全部或部分费用，并派人员协助成员安排商品陈列，举办展览和操作表演，帮助培训推销人员等，都会得到中间商的支持。③合理分配利润。厂家在产品定价方面应该充分考虑到中间商的利益，对供货数量、信誉、财力、管理等不同的中间商给予不同的价格折扣，使中间商感到经营某生产者的产品会得到较理想的利益收入。④资金支助。厂家可通过融资，采取售后付款或先部分付款的方式，促进中间商积极进货努力推销产品。⑤提供情报。厂家将获得的市场信息及时通报给中间商，同时也将生产方面的发展告诉中间商，使其心中有数，能够积极有效的安排销售。 第二，评估渠道成员。对中间商评估的目的要及时掌握情况，发现问题，以便更有针对性地对不同类型的中间商开展激励和推动工作，提高渠道销售效率。评估的标准一般包括：销售定额完成情况，平均存货水平，向顾客交货时间，损坏和遗失货物处理，对公司促销与培训计划的合作情况，货款返回的状况以及中间商对顾客提供的服务等。 第三，调整销售渠道。生产商对渠道的调整是为了适应纷繁复杂、瞬息万变的市场情况，主要有以下三种方式：①增减成员。这是指在某一分销售渠道里增减个别中间商，而不是渠道模式。厂家决定增减个别中间商时，需要做经济效益分析。要考虑到增减某个中间商对企业的赢利是否有影响，是否会引起渠道其他成员的反映，其他成员的销售是否会受影响等。②增减渠道。这是指增减某一渠道模式，而不是增减渠道里的个别中间商。当生产者利用某一分销渠道销售产品不理想时，或者市场需求扩大而原有的渠道不能够满足时，或者生产者所利用有些分销渠道一方面销售量低下，而另一方面市场的需求又满足时，生产者就要考虑减少或增加渠道，或者减免某条渠道的同时又增加某条渠道。③调整全部渠道。这是指生产者对所利用的全部渠道进行调整。如直接渠道改为间接渠道，单一化渠道变为多元化渠道等。这种调整是最困难的，它不仅使全部销售渠道改观，而且还会设计涉及营销组合因素的相应调整、营销策略的改变，作为生产者对调整全部渠道要特别谨慎从事，进行系统分析，以防考虑不周，影响企业的全部销售

2.54 直复营销实施工作细节描述（表2-54）

表2-54 直复营销实施工作细节描述

项目	内容
直复营销	（1）直复营销策划是与目标顾客之间是“双向信息交流”。而传统的市场营销活动中，营销人员总是将信息传递给目标顾客，却无法了解这些信息究竟对顾客产生了何种影响，是“单向信息交流”。 （2）直复营销是以非个人方式向消费者推销产品，非个人方式诸如电话、电视、目录、信函等，公司与顾客之间没有推销员介入；而直销必须是以个人方式向顾客推销商品，家庭销售会也罢，推销员上门也罢，公司与消费者之间必须有推销员的介入
直复营销的销售渠道	（1）单一步骤的销售。这是直复营销方式中最简单的一种，通常直复营销人员凭借一个单一的广告营销活动或直接邮件广告与消费者接触并将产品推销给潜在的消费者。然而，要一般人将钱付给从未见过面的人或付钱去买一些自己不熟悉的商品，是很困难的。因此，直复营销公司往往提供免费试用、有条件地免费试用来帮助达成交易。 （2）持续沟通方式。许多直复营销人员一开始就与顾客建立一种持续性的沟通关系。典型的方式包括：提供保险服务。顾客在申请之初便可与经营者签上10年或20年以上的合约来支付保险金；银行提供贷款服务，可分5年或更长时间偿还；提供抵押贷款，期限可长达数年之久；提供会员资格。 例如，消费者协会、高尔夫球协会均可提供终身会员资格，提供申请加入俱乐部的资格。俱乐部成员可以用很低的价格购买书籍、唱片或得到免费礼物；为收藏者提供收藏服务显而易见，这种与顾客维持一种长远关系的沟通法虽无法在金融业、娱乐业来用，但这种营销观念十分值得推广。 （3）多重步骤销售。单一步骤的销售方式在事前已经决定了顾客可能产生的所有反应模式。他可能拒绝购买，不然就是按照广告上提供的方法及价格来购买产品或服务。 （4）利用其他机会。许多大型公司或经营范围广泛的公司常常推出一些能带来直复营销机会的活动。如某公司从事下述任何一种活动，都会创造出直复营销的机会；①竞赛。例如，举办与企业有关的一些知识竞赛，要求消费者将答卷寄回，优胜者给予奖励。②降价或提供免费优惠。顾客必须拿优惠券或特别的印刷标志到零售店或通过邮件兑换产品。优惠券或印刷标志可附在产品包装内，印在包装上或媒体广告上。③赠品。只要顾客购买该公司产品的数量累积至一定标准以上，便可直接获得赠品

续表

项目	内容
直复营销的实施步骤	（1）规定直复营销目标。不同的企业，其任务和目标不一，直复营销的目标也有所不同。如果企业发展重点是在国内的话，那么直复营销目标的重点就应放在尽量维持现有客户的基础上，并设法吸收新顾客；若是目标放在国外，则重点便要放在建立有效的运输与销售渠道上，以便吸引顾客，并迅速有效地提供产品或服务。 （2）决定营销策略。针对不同的直复营销的目标，可以开发出不同的营销策略。 （3）沟通策略的制定。也就是发展“传播目标”，通过沟通方式传达给客户或是潜在客户一种关心他们的信息，并告诉他们愿意为其提供何种产品或服务。 （4）传播策略的设立。这对直复营销来说，就是建立完整的顾客与潜在顾客的数据库，然后用这个数据库来建立企业与顾客间一种长期的关系，而这种关系主要依赖着不断向目标顾客传递他们认为有价值的信息。 （5）广告目标的决定。这主要包括你想要这广告达到什么效果，消费者对这广告有什么感觉，需要消费者在看到广告后采取什么行动。对直复营销而言，消费者的反应是测定广告效果的重要依据。 （6）制定广告策略。即如何把确定的信息，通过选择好的媒体渠道传达给消费者。 （7）制定创意策略。所谓创意，就是通过构思、创造意境，表现广告主题。也就是以什么样的方式及语气来说出你想要传达的信息。 （8）拟定媒体策略。需要决定采用何种媒体来传达信息，或是采用对不同媒体进行组合的策略，使其相互配合，取长补短。 （9）制定接触策略。也就是决定如何与现有顾客或潜在消费者进行接触，并建立关系。在这个步骤中，如何与消费者沟通，应该在何时沟通，如何利用选择出的媒体告诉消费者产品信息，都是应考虑的重点

2.55 直复营销方式细则描述（表2-55）

表2-55　直复营销方式细则描述

项目	内容
邮购目录	（1）这是指销售商按照选定的目标顾客名单寄发邮购目录，或者备有样品目录随时供顾客索取，以达到让潜在的顾客了解商品信息的目的。 （2）以邮购目录作为直复营销方式的策划能否取得成功，在很大程度上取决于企业是否了解邮购目录的对象，能否提供有特色的商品以及是否为顾客着想等
直接邮寄	这是指企业通过选定的目标顾客直接寄发邮件来推销产品。具体形式有信函、传单和广告以及声像磁带，甚至计算机软盘等

续表

项目	内容
电话营销	（1）它目前已成为一种主要的直复营销方式。 （2）营销人员可以使用免费电话处理顾客服务和顾客的投诉，或者接受电视和广播广告，直接邮寄或者产品目录推销带来的订货
电视直复营销	电视（包括有线电视和无线电视）是通过网络和频道不断发展的直复营销媒体。电视以两种形式向顾客直接推销商品： （1）通过直复营销广告。企业通过电视台播放描述产品的广告节目，并提供给顾客一个免费回应的电话号码用于订货，顾客可以打免费电话订购电视广告上介绍的产品。直复营销比较适合于书籍、杂志、小型家用电器、唱片及磁带等产品的销售。 （2）家庭邮购频道。就是整个电视节目或整个频道都用于推销产品或劳务。 （3）观众可以打一个该公司提供的免费电话订购商品，所订货物一般都会在48小时内寄出
其他媒体营销	（1）这主要是指无线电广播、杂志和报纸的直复营销。 （2）企业可以通过无线电广播、杂志、报纸来推销产品，听到和读到由这些媒体传播的商品信息的人，可以拨打企业提供的免费电话号码订货
电子购物	消费者可以通过视频信息系统，操作某个小型终端，用对讲式闭路电视定购电视屏幕上显示的商品，也可以使用个人电脑通过网络接通中心数据库站，对提供销售的各种产品进行比较
订货机购物	（1）有些企业已经设计了一种专门用于顾客订货的装置——订货机。 （2）订货机和自动售货机不同。后者顾客只要向机中投入货币，机器即可输出，机中存有货物。而前者输入的不是货币，而是订货指令或查询指令，输出的也不是货物，而是屏幕上的图像。 （3）订货机通常被放在商场、机场等地

2.56　业务能力提升操作细节描述（表2－56）

表2－56　业务能力提升操作细节描述

项目	内容
销售经理应保持正确的观念	（1）干部对该如何有效地处理自己所管部门的业务，应深切地表示关心。 （2）除有正确的观念外，不可忽视或压抑部属的改善意见、构想、提案等

续表

项目	内容
改善与合理化的手续	（1）决定改善、合理化的对象（尽量把重点放在效果大的事项上）。 （2）相关业务的实态与调查分析（调查越广泛，越能清楚地了解）。 （3）改善、合理化的案件的检讨与决定，需有充分的人员和时间。 （4）案件的实施与修正应迅速地执行（使用新方法，发生障阻时应除去障阻，修正案件）
改善与合理化的范围	（1）对全公司的事务或特定的事项，若有专门负责合理化的部门时，除了此部门应处理的事务外，其余的问题均归自己所管的部门负责。 （2）只要是销售经理的责任权限内的事务，均不可怠慢

2.57 销售经理职务素养细节描述（表2－57）

表2－57 销售经理职务素养细节描述

项目	内容
部属是自己的镜子	（1）欲了解领导者的才能如何，观察他的部属便可一目了然，销售经理应记住此事，以为处事、行动的准则。 （2）若有不能进步的部属、不能充分发挥能力或不能主动办事的部属，销售经理应视之为自己的责任
最重要的是以身作则	（1）想用口头或小技巧指导他人是不会有效果的，必须身为表率，部属才服从。 （2）上司是部下的模范，若上司经常迟到，就不能对迟到者提出告诫。 （3）干部要怀有先忧后乐的态度
经常反省	（1）虽然自己认为没有错，但若站在别人的观点，就会发觉自己的言行或对事务的处理，有很多有待改进之处。 （2）若能经常自我反省，就可发现自己的缺失。这时，应有坦率接受的勇气，并立即改正

2.58 销售经理职业能力细节描述（表2－58）

表2－58　销售经理职业能力细节描述

项目	内容
统率力	若不能完全掌握及统率部属，就没有管理者存在的意义
指导力	管理者本身纵使很优秀，若不能指导、栽培部属，亦不能成事
洞察力、判断力	要洞察各事项的本质，才能作正确的判断
创造力	除了利用部属的创造力外，销售经理本身若具备优秀的创造力，必能相得益彰
体力、意志力	若身体虚弱、意志薄弱，是无资格当领导者的，因有很多事情需要销售经理亲自作决定
政治力	即交涉方面的能力
个人的吸引力	最低限度不要让他人对自己生厌，获得部属的好感及尊敬，这是领导者应有的条件

2.59 销售经理职业素养细节描述（表2－59）

表2－59　销售经理职业素养细节描述

项目	内容
有自觉才会有正确的行动	（1）销售经理本身往往缺乏干部的自觉，才会有错误的行动及失误的情况发生。 （2）无论面对何种事态、对象、场面，均不可失去管理者的自觉
自觉心	（1）销售经理（干部、管理者）首先需了解自己的职责后，才会产生自觉心。 （2）了解身为干部者的职责后，才能言行一致，产生正确的自觉意识
干部应有的矜持	（1）矜持亦即自尊心。销售经理首先需对自己（管理者）的立场和能力有自尊心，而维持自尊心的方法因人而异。 （2）缺乏自尊心与信心，是懦弱而无主见的人；这种人是没有资格当管理者的

2.60 工作配置细节描述（表2－60）

表2－60 工作配置细节描述

项目	内容
分担的工作适量、适质	（1）每个部门的业务分担可依分担规定等实施，重要的是销售经理本身应分担何种工作。 （2）个人的业务分担，量的方面不可过多或过少，质的方面应求适合
把握实际情况	（1）身为销售管理者，应该知道自己的部属负责何种工作。 （2）最好能制作一张图表，以了解各部属的工作情形。 （3）人数多时，定期作个人职务分析与工作分担调查，也是一种方法
重点应放在重要的工作上	（1）个人的分担工作，应从最重要、不可缺的工作开始。 （2）管理者不要因工作太多，或工作忙碌，而忽略了工作的分担。 （3）销售业务的重要性依内外情势的变化而有所不同，故不可把分担的工作，固定让一个人处理

2.61 对下属权限设定工作细节描述（表2－61）

表2－61 对下属权限设定工作细节描述

项目	内容
权限的内容	（1）权限委让一般是根据职位（经理、科长、股长等）划分的。 （2）权限分为共同权限、个别权限、职务间共同的、因职务不同而有所不同的
权限规则的决定	（1）对主管以上的人，因有公司性的权限规定（虽然有些事情没有规定），依此规定执行即可。 （2）主管以下即股长、主任及一般职员，亦需明确地规定其责任权限。 （3）销售经理应在可能的范围内，决定自己部属的责任与权限
委让的要诀	（1）若欲将工作的决定及处理委让给部属，应视部属的能力来处理。 （2）各部属能力的判断，应公正客观地把握。 （3）虽然有些不放心，但是亦应将简易的事情委让给部属；否则，部属永远不会拥有真正的能力

2.62 对下属下达指令工作细节描述（表2-62）

表2-62 对下属下达指令工作细节描述

项目	内容
命令系统的确立与遵守	（1）命令系统是联络组织上下的系统，但有些组织并未明确地设立此种系统，致使指示、命令发生冲突。 （2）原则上，命令系统应将命令依序下达（经理下达给科长，科长下达给股长），若有特殊情况需直接命令时，应将命令告诉受命者的直属上司
命令的内容要明确	（1）命令的内容应具体、简洁、易于了解。有时，自己认为易于了解，但对方（受命者）可能并不明了。 （2）命令的内容中，切勿加上希望、注意事项或抱怨等
要确定受命者是否完全了解	（1）最好让对方复诵一次，以确认他是否了解。 （2）一定要让受命者带着备忘录，以便把内容记下来
经过结果的追踪	（1）不要以为命令下达，便算了事。 （2）若受命者未提出报告，应主动地追踪、观察其结果

2.63 对下属报告处理工作细节描述（表2-63）

表2-63 对下属报告处理工作细节描述

项目	内容
报告制度的确立	（1）应于事前决定提出报告的对象、事情、时间及方式。 （2）一定要让部属遵守报告制度。对于不遵守者，应加以强调（或反复地说），促其履行

续表

项目	内容
接受报告时	（1）应让提出报告者先说出结论，若有时间，应尽量听其说明经过。 （2）口头报告时，接受者需保持热心倾听的表情及态度。 （3）对于书面报告，应审阅。 （4）不管是口头或书面报告，若部属的报告不得要领时，身为上司者，应教导他
安抚、指导、与支援	（1）部属完成报告后，一定要加以安抚与激励。 （2）必要时，应作指导，若认为部属需要支援时，应立即行动

2.64 对下属褒奖工作细节描述（表2－64）

表2－64　对下属褒奖工作细节描述

项目	内容
褒奖的重要性	居于下列理由，用人时，褒奖是不可缺少的。 （1）褒奖后，部属会产生信心。信心就是力量。 （2）受到褒奖，心境自然愉悦；碰到困难的事，也不觉得苦。 （3）受褒奖后，会增加对上司的信赖感
褒奖的要诀	（1）褒奖就是承认对方优秀、进步，及对其深具信心。 （2）褒奖时要了解值得褒奖的事实；若固执自我，将看不见他人的优点，更遑论说出褒奖的话了
不可过于奉承	（1）奉承与褒奖在意义上稍有不同。奉承是将褒奖的话说得太夸大，或任意褒奖。 （2）奉承之事，偶尔为之，并无大害。但常常如此，会致使部属变得无能，甚至对上司失去信赖感。

2.65 对下属批评工作细节描述（表2－65）

表2－65 对下属批评工作细节描述

项目	内容
告诫及责备的必要性	（1）褒奖会使人内心舒适，是用人所不可缺的；但若要栽培部属，告诫及责备亦是必要的。 （2）部属受了上司的告诫、责备后，就会自我反省，因而有所进步。 （3）告诫与责备是领导者的重要责任
要设身处地为对方着想	（1）不可因自己的情绪或脾气，随意地告诫、责备部属。 （2）若以博爱、诚意与关怀的态度提出告诫或责备，对方一定会接受。 （3）若用会损及对方的自尊心、面子的方法，是不会有效果的（如在他人面前指责等）
注意事项	（1）要以褒奖三次，指责一次的比例。 （2）先褒奖，再提出告诫。 （3）告诫、责备的时间越短越好。 （4）要选择对方在心理上能够接受的时候

2.66 对下属管理工作细节描述（表2－66）

表2－66 对下属管理工作细节描述

项目	内容
把握重点	（1）欲正确了解管辖部门的全体和各部属的情形，先决条件是留意各细节。 （2）销售经理若对重要的事情不甚留意或管理不得要领，自己的能力必会遭到部属的怀疑，从而失去权威
管理方法	（1）根据数值。应注重计划、预估与实绩数值的差异。 （2）根据报告。从口头、书面报告，掌握各问题的内容及重点，以便管理。 （3）根据会议、检讨会等。若销售经理经常不在公司内，这种方法最为有效。 （4）根据观察。在室内，可静坐观察；在室外，则应以巡视、巡回等方法观察

续表

项目	内容
以自我管理为原则	（1）只有在上司的监督下，才会努力工作的人，是没有敬业精神的人。 （2）要培养不管上司在不在都会尽力工作的人，以创造良好的工作气氛

2.67 对下属素质培养工作细节描述（表2－67）

表2－67　下属素质培养工作细节描述

项目	内容
要有计划、持续性的实施	（1）身为管理者的销售经理，应有指导、培育部属的强烈观念。 （2）应订定全体的（部门）、个别的（各人）教育计划、指导计划，据以培育、指导部属。 （3）培育一个人需要长久的时间，万不可期望速成。故需有耐性，继续不断地努力
选定指导的方法	（1）教育、指导方法分为集体指导与个别指导，又分为会义式的、讨论式的、OJT（经由实务、工作来学习）、Role Playing（让职员假扮某种职位，以培养办事能力）等。 （2）对教育对象、教育内容、预算、时间、设备等作综合性的判断后，再选择最理想的教育方法
重视个别教育	（1）身为主管者，应特别注重个别教育。 （2）个别教育、指导最好由经理、科长亲自进行，同时也要让部属的直接上司实施。 （3）评价教育、指导的效果

2.68 与上司沟通细节描述（表2－68）

表2－68 与上司沟通细节描述

项目	内容
把握上司的方针	（1）销售经理的上司是高阶层人士，故需要正确地把握上司的方针与想法。 （2）若对上司的方针不了解，便要主动地请示
指示与命令的接受法	（1）接受时，需求明确，若有不明了处，应以礼貌的态度请示。 （2）要以愉快、热心、诚恳的表现、态度接受。 （3）重要的事要记录在备忘录里
报告、联络的要诀	（1）需依规定实行报告、联络。 （2）报告时，应先提出结论；其经过的说明，要配合上司的询问及时间的限制。 （3）书面报告应站在审阅者的立场来实施
告诫、责备的接受法	（1）对告诫、责备应虚心地接受，绝对不可当场辩解。 （2）若上司的告诫有明显的错误，应另外找时机，委婉地说明。 （3）销售经理本身若能恰当地实行上述各点，对部属亦能保持上司应有的正确态度

2.69 与其他部门工作协调细节描述（表2－69）

表2－69 与其他部门工作协调细节描述

项目	内容
特别重要的联络、协商	下列情况的联络、协商特别重要： （1）销售业务内容特别复杂或重要的案件。 （2）销售业务需要和其他部门共同协调处理时。 （3）互相间存在误会或双方步调不一致时。 （4）案件的处理，对其他部门有很深的关联性时

续表

项目	内容
联络、协调方法	（1）利用会议。应视案件的重要性，经常召开。 （2）利用电话、文书等。案件的内容特别重要时，经常使用电话、文书等。 （3）应采取主动的态度。主动作访问或接受对方的访问
应采取主动的态度	（1）不可嫌麻烦，应主动与其他部门联络、洽商。 （2）不要存在“对方应该会与我联络”的观念

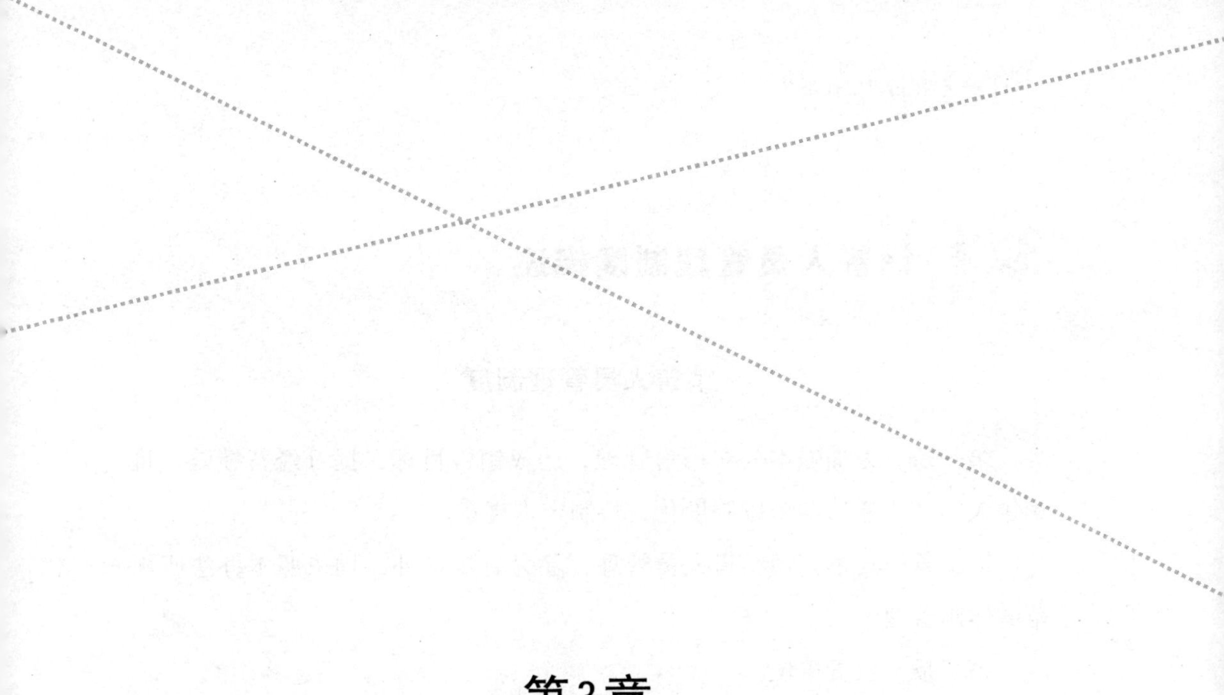

第3章
销售管理常用制度描述

3.1 销售人员管理制度描述

销售人员管理制度

第一条　为加强本公司销售管理，达成销售目标，提升经营绩效，将销售人员之业务活动予以制度化，特制定本规章。

第二条　凡本公司销售人员管理，除另有规定外，均依照本办法所规范的体制管理。

第三条　权责单位。

1. 销售部负责本办法制定、修改、废止之起草工作。

2. 总经理负责本办法制定、修改、废止之核准工作。

第四条　销售人员应依照本公司《员工管理办法》规定办理各项出勤考核。但基于工作需要，其出勤打卡按下列规定办理：

1. 在总部的销售部人员上下班应按规定打卡。

2. 在总部以外的销售部人员应按规定的出勤时间上下班。

第五条　销售人员除应遵守本公司各项管理办法的规定外，应善尽下列之工作职责：

1. 部门主管。

（1）负责推动完成所辖区域销售目标。

（2）执行公司所交付的各种事项。

（3）督导、指挥销售人员执行任务。

（4）控制存货及应收账款。

（5）控制销售单位的经费预算。

（6）随时稽核各销售单位的各项报表、单据、财务。

（7）按时呈报下列表单：

A. 销货报告。

B. 收款报告。

C. 销售日报。

D. 考勤日报。

(8) 定期拜访辖区内的客户，借以提升服务品质，并考察其销售及信用状况。

2. 销售人员。

(1) 基本事项。

A. 应以谦恭和气的态度和客户接触，并注意服装仪容整洁。

B. 对于本公司各项销售计划、行销策略、产品开发等应严守商业秘密，不得泄露予他人。

C. 不得无故接受客户的招待。

D. 不得于工作时间内酗酒。

E. 不得有挪用所收货款的行为。

(2) 销售事项。

A. 产品使用说明、设计及生产指导。

B. 公司生产及产品性能、规格、价格的说明。

C. 客户抱怨处理。

D. 定期拜访客户并汇集下列资料：

a. 产品品质反映。

b. 价格反映。

c. 消费者使用量及市场需求。

d. 竞争品反映、评价及销售状况。

e. 有关同业动态及信用。

f. 新产品调查。

E. 定期了解经销商库存。

F. 收取货款及折让处理。

G. 客户订货交运督促。

H. 退货处理。

I. 整理各项销售资料。

（3）货款处理。

A. 收到客户货款应当日缴回。

B. 不得以任何理由挪用货款。

C. 不得以其他支票抵缴收回的现金。

D. 不得以不同客户的支票抵缴货款。

E. 应以公司所核定的信用额度管制客户的出货，减少坏账损失。

F. 货品变质可以交换，但不得退货或以退货来抵缴货款。

G. 不得向仓库借支货品。

H. 每日所接订单应于次日中午前开出销货申请单。

第六条　销售人员离职或调职时，除依照《离职工作移交办法》办理外，还须依下列规定办理。

1. 销售单位主管。

（1）移交事项。

A. 财产清册。

B. 公文档案。

C. 销售账务。

D. 货品及赠品盘点。

E. 客户送货单签收联清点。

F. 已收未缴货款结余。

G. 领用、借用之公物。

H. 其他。

（2）注意事项。

A. 销售单位主管移交，应呈报由移交人、交接人、监交人共同签章《移交报告》。

B. 交接报告附件，如财产应由移交人、交接人、监交人共同签章。

C. 销售单位主管移交由总经理室主管监交。

2. 销售人员。

（1）移交事项。

A. 负责的客户名单。

B. 应收账款单据。

C. 领用公物。

D. 其他。

（2）注意事项。

A. 应收账款单据由交接双方会同客户核认无误后签章。

B. 应收账款单据核认无误签章后，交接人即应负起后续收款的责任。

C. 交接报告书由移交人、交接人、监交人共同签章后呈报总经理室（监交人由销售主管担当）。

第七条 销售人员每年应依据本公司年度销售计划表，制定个人年度销售计划表，并填制月销售计划表，呈主管核定后，按计划执行。

第八条 销售人员应依据月销售计划表，填制拜访计划表，呈主管核准后实施。

第九条 客户管理。

1. 销售人员应填制客户资料管制卡，以利于客户信用额度核定及加强服务品质。

2. 销售人员应依据客户销售业绩，填制销售实绩统计表，作为制订销售计划及客户拜访计划之参考。

第十条 销售工作日报表。

1. 销售人员依据作业计划执行销售工作，并将每日工作的内容填制于销售工作日报表内。

2. 销售工作日报表应于次日外出工作前，呈主管核阅。

第十一条 月收款实绩表。

销售人员每月初应填制上月的月收款实绩表，呈主管核示，作为绩效评核，账款收取审核与对策之依据。

第十二条　售价规定。

1. 销售人员销货售价一律以本公司规定的售价为准，不得任意变更售价。

2. 如有赠品亦须依照本公司规定办理。

第十三条　销售管理。

1. 各销售单位应将所辖区域作适当划分，并指定专属销售人员负责客户开发、销货推广、收取货款等工作。

2. 销售单位主管应与各销售人员共同负起客户信用考核的责任。

3. 货品售出一律不得退货，更不准以退货抵缴货款；但变质货品可依照公司有关规定办理退货。

第十四条　收款管理。

1. 有销售人员收款，必须于收款当日缴回公司财务。

2. 销售人员应于规定收款日期，向客户收取货款。

3. 所收货款如为支票，应及时交财务办理银行托收。

4. 未按规定收回的货款或支票，除依据相关规定惩处负责的销售人员外，在产生坏账时，销售人员还须负赔偿的责任。

3.2 销售人员考核制度描述

销售人员考核制度

第一条　为激励销售人员工作士气，鼓励先进，从而提高绩效，特制定本办法。

第二条　凡本公司销售人员的考核，除另有规定外，均依照本办法所规范的体制考核。

第三条　权责单位。

1. 销售部负责本办法制定、修改、废止的起草工作。

2. 总经理负责本办法制定、修改、废止的核准。

第四条 考核时机为每月五日前提出。

第五条 考核方式分为部门考核和个人考核。

第六条 考核权责。

考核＼考核	初核	审核	核定
部门考核	部门经理		总经理
个人考核	部门主管	部门经理	总经理

第七条 考核办法。

1. 考核部门。

（1）计算权数表：

考核项目	权数	计算公式
收款额目标达成率,%	60	达成率×权数=得分
销售额目标达成率,%	20	达成率×权数=得分
收款率,%	20	达成率×权数=得分
合计	100	

（2）总经理。

A. 收款额目标达成率=当月实收款÷当月计划目标收款额×100%

B. 销售额目标达成率=当月实际销售额÷当月计划额×100%

C. 收款率=1－（当月销售额－当月收款额）÷当月销售额

注：收款率低于60%，销售额目标达成率得分不得超过最高权数。

（3）部门考核奖金系数。

等级	A	B	C
得分	81 分以上	60～80 分	60 分以上
奖金系数	1.2	1.0	0.8

2. 个人考核。

（1）主管之考核计算。

①计算权数表：

考核项目	权数	计算方法
部门考核	60	部门考核得分×权数＝得分
工作态度	20	见说明
职务能力	20	见说明
合计	100	

②权数说明。

A. 工作态度。

a. 积极性——8 分（凡事主动、做事积极，尽最大努力把工作做好）。

b. 协调性——6 分（为部门的绩效所做的内部沟通、外部沟通）。

c. 忠诚度——6 分（凡事能以公司利益为前提，并忠于职守）。

B. 职务能力。

a. 计划能力——8 分（年度计划、月度计划、专案计划的能力）。

b. 执行能力——6 分（各项计划的执行控制及采取改善措施的能力）。

c. 开发能力——6 分（对新产品新服务的开发能力）。

二、销售人员之考核。

（1）计算权数表：

考核项目	权数	计算方法
业绩贡献	40	实收款目标达成率×权数＝得分
	15	收款率＝1－（当月销售额－当月收款额）÷当月销售额
	15	销售额目标达成率＝当月实际销售额÷计划销售额×100%
工作态度	20	见说明
职务能力	20	见说明
合计	100	

（2）计算公式：

实收款目标达成率 = 当月实收款 ÷ 当月计划销售额 × 100%

（3）权数说明：

A. 工作态度 20 分。

a. 积极性——8 分（凡事主动、做事积极，尽最大努力把工作做好）。

b. 协调性——6 分（为部门的绩效所做的内部沟通、外部沟通）。

c. 忠诚度——6 分（凡事能以公司利益为前提，并忠于职守）。

B. 职务能力 10 分。

a. 计划能力——4 分（年度计划、月度计划、专案计划的能力）。

b. 执行能力——3 分（各项计划的执行控制及采取改善措施的能力）。

c. 工作品质——3 分（各种资料、各项作业的品质）。

（4）个人考核奖金系数：

等级	A	B	B
得分	86 分以上	70 ~ 85 分	70 分以下
奖金系数	1.2	1.0	0.8

第八条 绩效奖惩。

1. 月度考核作为年度升降调薪及年终奖金发放之依据。

2. 年度内有 6 次 A 等则升等调薪。

3. 年度内有 6 次 C 等则降级或解除合同。

3.3 销售人员激励管理制度描述

销售人员激励管理制度

第一条 为了更好地对不同的销售人员采取不同的激励方式，特制定本办法。

第二条　凡本公司销售人员之激励，除另有规定外，均可依照本办法所规范的体制激励。

第三条　权责单位。

1. 销售部负责本办法制定、修改、废止的起草工作。

2. 总经理负责本办法制定、修改、废止的核准。

第四条　激励方法。

1. 追求舒适者。

（1）一般年龄较大，收入较高。

（2）需要：工作安全、成就感、尊严。

（3）激励方法：分配挑战性任务，参与目标的设置，给予一定的自由和权威，经常沟通。

2. 追求机会者。

（1）一般收入较低。

（2）需要：适当的收入、认可、工作安全。

（3）激励方法：薪资、沟通、销售竞赛。

3. 追求发展者。

（1）一般比较年轻，受过良好的教育，有适当的收入。

（2）需要：个人发展。

（3）激励方法：良好的培训栽培。

4. 根据业绩状况，采取不同的激励方式。

（1）优秀销售人员：他们关心的是地位、社会承认和自我实现。

（2）一般销售人员：他们关心最多的是奖金和工作安全。需要不同，激励的方式也不同。

第五条　建立激励方式应遵循的原则。

1. 物质利益原则，制定合理的薪资制度。

2. 按劳分配原则，体现公平。

3. 随机创造激励条件。

第六条 激励的几种常见方式：

1. 培训和薪资：依本办法的相关点而定。

2. 工作级别：根据工作年限和业绩，把销售人员分为不同级别，每一级别有不同的权责、福利待遇及工作权限。

3. 提升：很多的销售人员愿意从事管理工作（其中部分人员却不适合做管理），也有的不愿意从事管理工作，而希望负责较好的销售区域、有利的产品、较大的客户等。应依据不同的需求，建立不同的激励机制。通常，公司的销售人员走向管理岗位的机会很少。因此销售主管设置了两种提升方案：一种是前面讲述的工作级别；另一种是提供合适的管理职位。

4. 奖励和认可：通过物质的手段奖励优秀的销售人员，如宣传先进事迹，发放纪念品，大会表扬，成立优秀销售人员俱乐部，参与高级主管会议，佩带特殊的工作卡等。

注：在设置奖励方法时，注意要使受奖面大，受奖机会多，使不同的人都有获奖的机会。

3.4 销售人员客户拜访管理制度描述

销售人员客户拜访管理制度

第一条 为规范客户拜访作业，以提升工作业绩及效率，特制定本办法。

第二条 凡本公司销售部门客户拜访，均依照本办法管理。

第三条 权责单位。

1. 销售部负责本办法制定、修改、废止的起草工作。

2. 总经理负责本办法制定、修改、废止的核准。

第四条 实施办法。

1. 拜访目的。

（1）市场调查、研究市场。

（2）了解竞争对手。

（3）客户保养：

A. 强化感情联系，建立核心客户。

B. 推动业务量。

C. 结清货款。

（4）开发新客户。

（5）新产品推广。

（6）提高本公司产品的覆盖率。

2. 拜访对象。

（1）业务往来客户。

（2）目标客户。

（3）潜在客户。

（4）同行业。

3. 拜访次数。

根据各销售岗位制定相应的拜访次数。

第五条　销售人员每月底提出次月拜访计划书，呈部门主管审核。

第六条　客户拜访的准备。

1. 每月底应提出下月客户拜访计划书。

2. 拜访前应事先与拜访单位取得联系。

3. 确定拜访对象。

4. 拜访时应携带物品的申请及准备。

5. 拜访时相关费用的申请。

第七条　拜访注意事项。

1. 服装仪容、言行举止要体现本公司一流的形象。

2. 尽可能地建立一定程度的私谊，成为核心客户。

3. 拜访过程可以视需要赠送物品及进行一些应酬活动（提前申请）。

4. 拜访时发生的公出、出差行为依相关规定管理。

第八条 拜访后续作业。

1. 拜访应于2日内提出客户拜访报告，呈主管审核。

2. 拜访过程中答应的事项或后续处理的工作应即时进行跟踪处理。

3. 拜访后续作业的结果列入员工考核项目，具体依相关规定。

3.5 销售拜访作业计划查核制度描述

销售拜访作业计划查核制度

第一条 本细则依据公司《销售人员管理制度描述》规定制定。

第二条 促使本公司销售人员确实执行拜访作业计划，达成销售目标。

第三条 本公司销售人员拜访作业计划之核查，依本细则管理。

第四条 权责单位。

1. 销售部负责本办法制定、修改、废止的起草工作。

2. 总经理负责本办法制定、修改、废止的核准。

第五条 计划程序。

1. 销售计划。

销售人员每年应依据公司年度销售计划表，拟定个人年度销售计划表，并填制月销售计划表，呈主管核定后，按计划执行。

2. 作业计划。

（1）销售人员依据月销售计划表，每月填制拜访计划表。

（2）销售人员应于每月底前，将次月计划拜访的客户及其预定停留时数，填制于拜访计划表中“客户”及“计划”栏内，呈主管审核。

（3）经主管审核后，销售人员应依据计划实施；主管则应确实督导查核。

第六条　查核要项。

1. 销售人员。

(1) 销售人员应依据拜访计划表所订的内容，按时前往拜访客户，并根据拜访结果填制客户拜访报告表。

(2) 如因工作因素而变更拜访行程，除应向主管报备外，并须将实际变更的内容及停留时数记录于拜访计划表内。

2. 部门主管。

(1) 审核销售拜访报告表时，应与拜访计划表对照，了解销售人员是否依计划执行。

(2) 每周应依据销售人员的拜访计划表与销售拜访报告表，以抽查方式用电话向客户查询，确认销售人员是否依计划执行或不定期亲自拜访客户，以查明销售人员是否依计划执行。

第七条　注意事项。

1. 销售部主管应使销售人员确实了解填制拜访计划表并按表执行目的，以使销售工作进展更顺畅。

2. 销售部主管查核销售人员的拜访计划作业实施时，应注意技巧，尤其是向客户查询时，须避免造成以后销售人员工作的困扰与尴尬。

3. 拜访计划作业实施的查核结果，应作为销售人员年度考核的重要参考。

3.6 销售工作日报表审核制度描述

销售工作日报表审核制度

第一条　为加强本公司销售管理，使销售人员的销售能力得以充分发挥，提升销售绩效，特制定本制度。

第二条　凡本公司销售人员工作日报表之审核，均依照本办法管理。

第三条 权责单位。

1. 销售部负责本办法制定、修改、废止的起草工作。

2. 总经理负责本办法制定、修改、废止的核准工作。

第四条 日报作业流程。

1. 销售人员。

（1）每日应将当日拜访的工作内容，详细填入销售工作日报表，并呈部门主管。

（2）前一日的销售工作日报表，应于次日工作日10时前（外出作业前）交出，不得延误。

2. 部门主管。

查核销售人员所呈的销售工作日报表后，转呈部门经理批示。

3. 部门经理。

将各销售主管转呈的销售工作日报表批示后，交内务汇总，转呈企划部。

4. 企划部。

将各销售部送交的销售工作日报表核计，并加以分析，作为制定修正销售计划的依据。

第五条 审核要领。

1. 销售主管。

（1）应依据拜访作业计划查核细则的规定，确认销售人员是否按照拜访计划执行。

（2）将销售人员所呈的销售工作日报表与客户订单及缴款明细表等核对，以确认日报表的正确性。

（3）对销售人员所提出的问题及处置对策，应予以初步核示。

2. 销售部经理。

（1）综合审查各销售单位所呈的销售工作日报表。

（2）出现异常情况，应立即加以处理。

3. 企划部门。

(1) 核对并统计销售工作日报表的各项内容。

(2) 依据销售工作日报表与拜访计划表，计算各销售人员成功率与变动率。

(3) 将统计资料呈核，并拟定对策供销售部门参考。

3.7 销售人员士气调查管理制度描述

销售人员士气调查管理制度

第一条　为激励本公司销售人员工作士气，以提升销售绩效，达成销售目标，特制定本办法。

第二条　凡本公司销售人员，均应依照本办法规定接受士气调查。

第三条　权责单位。

1. 销售部负责本办法制定、修改、废止的起草工作。

2. 总经理负责本办法制定、修改、废止的核准工作。

第四条　士气调查主旨。

1. 销售绩效成果，除了本公司组织运作外，最重要的在于销售人员的工作士气。

2. 达成公司所设定的销售目标，销售人员的工作士气高昂。

3. 在销售主管指导下，一致合作，愉快而积极地完成职责的一种集体工作热情。

4. 本公司的销售人员士气调查，亦即销售工作情绪调查，其用意在于了解销售人员中有多少人热诚服务于工作目标，并探讨销售组织运作上的问题点，以作为相关单位改进的指标。

第五条　销售人员士气调查重点如下：

1. 对本公司是否具有向心力。

2. 组织运作是否合理且有效率。

3. 对主管的领导统御方式是否具有信心。

4. 同事间相处是否和谐。

5. 销售人员精神上的建设是否健全。

第六条 本公司于每年一月及七月，定期调查一次。

第七条 调查方式。

1. 本公司销售人员士气调查应以无记名方式进行。

2. 以各销售单位为调查单位。

第八条 调查程序。

1. 总经理室应排定各销售单位接受调查的预定时间，并事前行文通知。

2. 总经理室于预定时间派员至各销售单位，集合全体销售人员，分发士气调查问卷，请大家填写。

3. 接受调查人员应详细填写士气调查表，以提供有效资讯作为公司制定政策的参考。

4. 总经理室应于调查完后一周内，将士气调查表统计分析并做成报告，报告应包括解决对策。对策内容应包括下列各项：

A. 提出具体而明确的改善方针。

B. 销售人员适应性调整组合建议。

C. 对产生的问题点提出分析与检讨。

D. 提出如何增进组织运作与检讨。

5. 报告应呈总经理审核，副本转销售部各有关主管参考；必要时应召开会议，以商讨解决问题的方案和对策。

第九条 士气调查问卷。

总经理室应将每次的销售人员士气调查做成士气调查问卷，士气调查问卷应针对本办法的调查重点编制。

第十条 问卷内容。

总经理室编制士气调查问卷，除了应考虑本办法的调查重点外，原则上仍应考虑下列各项调查内容：

1. 公司的方针或指示，是否都能彻底实施？
2. 你对自己目前的工作是否感到满意？
3. 是否存在因为指挥工作的人过多，而感到无所适从的情形？
4. 职务或工作上的分配有没有偏颇现象，或感到不满？
5. 直属上司在工作上的指导是否适当？
6. 在工作上，是否需要学习更多的知识或技术？
7. 对于每天的工作，是否觉得倦累？
8. 休息时间是否能够充分利用？
9. 现有的设施，若运用得法，是否还能进一步提高效率？
10. 你认为薪资、奖金的决定公平吗？
11. 你认为你的薪资计算方法是否太过琐碎？
12. 你觉得工作环境中，哪个地方最不方便？
13. 你工作的四周。有没有危险有害的地方？
14. 你知道你的薪资计算明细吗？
15. 你认为改善什么地方最能提高工作效率？
16. 你认为公司的干部是否十分了解员工的心情或思想？
17. 你认为公司的气氛很好吗？
18. 你是否打算一直在这家公司工作？
19. 你为工作上的事情常与上司商量吗？
20. 你曾为私人的事情常与上司商量吗？
21. 你是否希望常常有与公司干部聚集谈话的机会？

3.8 分公司销售管理制度描述

分公司销售管理制度

第一条 有关人员根据客户订货需求填制销售单，详细填写销售单的各栏次，制单人签名，并由提货经手人签字。货款大小写金额应当一致。

第二条 有关人员或客户应当将填制好的销售单，提交财务经理严格复核并签字，到出纳处结清货款。

第三条 出纳应当根据复核并签字后的销售单注明的金额收取客户的货款，必须详细填写销售单上的结算方式：现金、支票或汇票等（不能空白），并在收款人栏签字，加盖财务审核章。

第四条 结算方式包括现金、支票、汇票、承兑、电汇、欠款、转账、预收等。结算方式填写不得涂改，如涂改必须在涂改处按涂改次数加盖涂改人个人印章。

假设客户提货总额为156元，则结算方式按以下条款填写：

1. 如部分收取货款，部分欠款，应填写：现金（支票、汇票）100元+欠款56元（或简写："现100欠56"）。

2. 如部分收取货款，部分由以前的预收款支付，应填写：现金（支票、汇票）100元+转账56元。

3. 如超额收取货款，应填写：现金（支票、汇票）160元（预收4元）（或简写："现160（预4）"）。

假设客户退货总额为156元，则结算方式按实际情况填写，如有退款应要求对方出具收款收据。

4. 如退货不退款，应填写：退货不退款156元（或简写："退转156"）。

5. 如部分退货款，应填写：退现金（支票、汇票）100元+转账56

元（或简写：“退现 100 转 56”）。

6. 如全部退货款，应填写：退现金（支票、汇票）156 元（或简写：“退现 156”）。

第五条　出纳给客户开具发票或收款收据，应根据收到的货款金额及给客户开具的收款收据（收款收据必须有客户经手人的签字）等，编制相应的通用记账凭证，登记相应账簿。凡是无销售单收付款项的，必须开具收款收据或索取对方的收据。凡是已实现销售客户未索取发票，必须开具普通发票附于通用记账凭证后，客户联单独由会计保管，并建立客户签收发票登记簿。

第六条　现金收款付货。

1. 收到现金货款付货（收款与付货金额一致）时，出纳应当在经会计复核的销售单上填写“结算方式”，编制通用记账凭证：

借：现金—货款户

　　贷：主营业务收入—××××

　　　　应交税金—应交增值税（销项税）

通用记账凭证后附销售发票和相应的“销售单”会计联。

2. 当收取的货款多于提货金额时，出纳填写“结算方式”，编制通用记账凭证：

借：现金—货款户

　　贷：主营业务收入—××××

　　　　应交税金—应交增值税（销项税）

　　　　应收账款—××客户

通用记账凭证后附销售发票和相应的“销售单”会计联。

第七条　支票（电汇、银行汇票）收款付货。

1. 出纳收到客户送交的支票，应当遵循“款到付货”的原则，当款项到达我方账户时，方可签章提示付货；对于老客户且信誉好的，应通过销售公司总经理同意并亲自电话咨询该出票银行该账户是否足额或到出票银行反存支票（选择必要方式之一），避免支票空头或欺诈。

2. 收到银行汇票、银行电汇凭单经确认无误后，出纳应及时将银行汇票送存银行，及时查询电汇款项到账情况，具体财务处理比照支票执行。

3. 收到转账支票时，出纳应按 1.2.3 条款填写销售单“结算方式”，将支票送存银行并编制通用记账凭证，于销售台账上注明发票领取情况：

借：银行存款—货款户

　　贷：主营业务收入—××××

　　　　应交税金—应交增值税（销项税）

通用记账凭证后附销售发票、“销售单”会计联、银行进账单。

第七条　出纳收到银行承兑汇票后，到出票行确认无误后，背书寄回股份公司财务部，另设“应收票据”科目进行核算。具体财务处理比照支票收款条款处理。

第八条　收到客户支付的预缴款项时，出纳应当编制通用记账凭证：

借：现金——货款户（或：银行存款—货款户）

　　贷：应收账款——××客户

通用记账凭证后附收款收据或银行进账单。

第九条　如有预收账款，会计应当填写提货单“结算方式”，加盖财务审计核章，并编制通用记账凭证：

借：应收账款—××客户

　　现金—货款户（或：银行存款—货款户）

　　贷：主营业务收入—××××

　　　　应交税金—应交增值税（销项税）

通用记账凭证后附销售发票记账联及销售单会计联（或银行存款进账凭单）。

第十一条　赊销应当经过股份公司财务部、销售总监、总经理审批。

第十二条　赊销产品的客户应提供合法的欠款手续，欠条上应注明欠款金额、还款日期、经手人签字，并经我方销售分公司总经理审签。财务人员应当在经过相应审核的销售单上填写提货单“结算方式”，方可加盖“财务审核章”，同意发货。

第十三条　除经特殊审批外，欠款未收回前，不能将发票出具给客户。

第十四条　对于赊销货款，会计应当在经过相应审核的销售单上填写销售单“结算方式”，编制通用记账凭证：

借：应收账款—××客户

　　贷：主营业务收入—××××

　　　　应交税金—应交增值税（销项税）

通用记账凭证后附销售发票、销售单会计联。

对未能在约定期限内收回所欠货款的，分公司财务经理应及时向股份公司财务部书面汇报，并按公司领导的批示跟踪处理。

第十五条　会计应当在经销售分公司总经理及仓库管理员签字的红字销售单上填写销售单“结算方式”，同时将已开具给客户的蓝字销售发票联及抵扣联（购货方未作账务处理或原未交给客户的发票联及抵扣联）或购货方主管税务机关出具的《销售退回及折让证明单》（购货方已作账务处理）黏附在红字发票存根联后，作为开具红字发票的依据，并按照退回单据开具相应的红字发票（附红字记账联外，其他联次均不得撕下），编制通用记账凭证，并在红字发票存根联注明原蓝字发票及红字发票的记账联存放地点。

借：主营业务收入—××××

　　应交税金—应交增值税（销项税）

　　贷：应收账款—××客户

第十六条　客户要退回多付货款，应出具合法的收款收据，经销售分公司总经理、财务经理核准并签字后，客户经手人签字并持收据到出纳处退款。出纳编制通用记账凭证：

借：应收账款—××客户

贷：现金—货款户（银行存款—货款户）

通用记账凭证后附客户出具的合法收款收据或银行汇款凭单、去票存根。

第十七条 会计应当在经销售分公司总经理及仓库管理员签字的红字销售单上填写销售单“结算方式”，同时将已开具给客户的蓝字销售发票联及抵扣联（购货方未作账务处理或原未交给客户的在原存根联后的发票联及抵扣联）或购货方主管税务机关出具的《销售退回及折让证明单》（购货方已作账务处理）黏附在红字发票存根联后，作为开具红字发票的依据，并按照退回单据开具相应的红字发票（除红字账联外，其他联次均不得撕下）编制通用记账凭证，并在红字发票存根联注明原蓝字发票及红字发票的记账联存放地点：

借：主营业务收入—××××

应交税金—应交增值税（销项税）

贷：现金—货款户（银行存款—货款户）

通用记账凭证后附红字销售单会计联、红字发票记账联、客户出具的合法收款收据或银行汇款凭单（支票存根需经客户签字）。

第十八条 直发货必须遵循“款到付货”的原则，在货款已达的前提下，会计方可在分公司经理、仓库管理员、业务经办人签字的直发货申请表上注明回款情况，加盖财务专章后上报公司销售部安排发货。

第十九条 直发货运抵受货单位，业务经办人必须携带销售单协同客户验收货物并办妥收款手续（协议规定货到付款方式），同时请客户在销售单上签字确认。财务人员和仓库管理员根据“产品调拨单”或其传真件登记相关账表（待原件到位后必须及时更换）；并根据客户确认后的销售单及时进行账务处理。

3.9 年度销售计划管理制度描述

年度销售计划管理制度

第一条　销售额目标。本公司20××年度销售目标如下：

1. 部门全体　××××元以上
2. 每一职工/每月　×××元以上
3. 每一营业部人员/每月　××××元以上
4. 利益目标（含税）　××××元以上
5. 新产品的销售目标　××××元以上

第二条　本公司的业务机构必须一直到所有人员都能精通其业务、人心安定有危机意识、能够有效地活动时业务机构才不再做任何变革。

第三条　贯彻少数精锐主义，无论精神或体力都须全力投入工作，使工作朝高效率、高收益、高分配、高薪资的方向发展。

第四条　为加强机能的敏捷迅速化，本公司将大幅委让权限使人员得以果断速，以具实现上述目标的原则。

第五条　为达到明确责任的目的并确立责任体制，本公司将贯彻重赏重罚政策。

第六条　为使规定及规则完备，本公司将加强精确业务管理。

第七条　××股份有限公司与本公司在交易上订有书面协定，彼此遵守责任与义务，基于此立场本公司应致力达成预算目标。

第八条　为促进零售店的销售应设立销售方式体制将原有购买者的市场转移为销售者的市场，使本公司能握有主导代理店、零售店的权力。

第九条　将出击目标放在零售店上并致力培养指导其促销方式，借此进一步刺激需求的增大。

第十条　策略的目标包括全省有力的××家店，以经销方式体制来推动其进行。

第十一条 设立定期联谊会，借此更进一步加强与零售商的联系。

第十二条 利用顾客调查卡的管理体制来确立零售店实绩销售、实绩需求预测等的统计管理工作。

第十三条 除沿袭以往对代理店所采取的销售拓展对策外，再以上述方法作为强化政策，从两方面着手致力推动拓销。

第十四条 随着购买者市场转移为销售者市场的变化，应确立长期契约制度来统一管理交易的条件。

第十五条 检查与代理商关系，确立具有一贯性的传票会计制度。

第十六条 本方针之间的计划应做到具体、实效贯彻，至所有相关人员。

第十七条 内部机构。

1. ××服务中心将升格为营业处，借以促进销售活动。

2. 于××营业处的管辖内设立新的出差处（或服务中心）。

3. 解散食品部门所属人员，转配到营业处致力于拓展销售活动。

4. 以上各新体制下的业务机构暂时维持现状不做变革，借此确立各自的责任体制。

5. 业务的处理方面若有不当之处，再酌情进行改善。

第十八条 外部机构。

交易机构及制度将维持经由本公司—代理店—零售商的旧有销售方式。

第十九条 新产品销售方式体制。

1. 将全省有力的××家零售商店依照区域划分于各划分区内，采用新产品的销售方式体制。

2. 新产品的销售方式是指每人各自负责20家左右的店，每周或隔周做一次访问，借访问的机会督导奖励销售并进行调查服务及销售指导，技术指导等借此促进销售。

3. 上述的××家店所销出的本公司产品的总额须为以往的两倍。

4. 库存量须努力维持在零售店为一个月库存量，代理店为两个月库存量的界限上。

5. 销售负责人的职务内容及处理基准应明确化。

第二十条 新产品协作会的设立与活动。

1. 为使新产品销售方式所推动的促销活动得以配合，以全国各主力零售店为中心依地区分别设立新产品协作会。

2. 新产品协作会的事业内容大致包括下列十项，分发寄送机关杂志，赠送本公司产品的负责人员领带夹，安装各地区协作店的招牌，分发商标给市内各协作店，协作商店之间的销售竞争，分发广告宣传单，积极支援经销商，举行讲习会，研讨会增设年轻人专柜，介绍新产品。

3. 协作会的存在方式是属于非正式性的。

第二十一条 提高零售店店员的责任意识。

为加强零售商店店员对本公司产品的关心，增强其销售意愿，应加强下列各项实施要点：

1. 奖金激励对策——零售店店员每次售出本公司产品则令其寄送销售卡，当销售卡达到十张时即赠奖金给本人以激励其销售意愿。

2. 人员的辅导。

（1）负责人员可利用访问时进行教育指导说明，借此提高零售商店店员的销售技术及加深其对产品的相关知识。

（2）销售负责人员可亲自站在店里接待顾客示范销售动作或进行技术说明，让零售商的店员从中获得间接的指导。

3. ××公司的教育指导。

（1）让参加协作会的店员也去参加店员的研讨会，借此提高其销售技巧及产品知识技术。

（2）通过参加研讨会的店员扩大对其他店员传授销售技术及产品知识技术，借此提高大家对销售的意愿。

第二十二条 确实的广告计划。

1. 在新产品销售方式体制确立之前，暂时先以人员的访问活动为主，把广告宣传活动作为未来所进行的活动。

2. 针对广告媒体再次进行检查，务必使广告计划达到以最小的费用创造出最大成果的目标。

3. 为达成前述两项目标，应针对广告宣传技术做充分的研究。

第二十三条 活用购买调查卡。

1. 针对购买调查卡的回收方法，调查方法等进行检查，借此确实掌握顾客的真正购买动机。

2. 利用购买调查卡的调查，统计新产品销售方式体制及顾客调查卡的管理体制等，切实做好需求的预测。

第二十四条 顾客调查卡的管理体制。

1. 利用各零售店店员所送回的顾客调查卡将销售额的实绩统计出来，或者根据这些来进行新产品销售方式体制及其他的管理。

（1）依据营业处区域统计商店的销售额。

（2）依据营业处统计商店以外的销售额。

（3）另外几种销售额统计须以各营业处为单位制作。

2. 根据上述统计可观察各店的销售实绩及掌握各负责人员的活动实绩、各商品种类的销售实绩。

第二十五条 必须确立营业预算与经费预算，经费预算的决定通常随营业实绩做上下调节。

第二十六条 预算方面的各种基准要领等须加以完善成为示范本，本部与各事业部门则需交换契约。

第二十七条 针对各事业部门所做的预算实际额的统计、比较及分析等确立对策。

第二十八条 事业部门的经理应分年、期、月，分别制定部门的营业方针及计划，并提出给本部修正后定案。

第二十九条　本部与事业所之间的关系。

1. 各事业单位负责人应将事业所视为一企业，以经营者的精神来推动其运作和管理（另外，本身也须经常参与研修）。

2. 事业经理需就营业总务经营管理劳务采购设备等各方面，分年、期、月制作提出事业部门的方针及计划。

3. 事业经理针对年期及每月的活动内容实绩等规定事项提出报告内容，除了预算实绩差异分析及反省之外，还须提出下一个年度、期、月份的对策。

4. 本部与营业所之间的业务管理制度描述应明确并加以修缮，成为可依循的典范。

第三十条　事业所内部。

1. 事业经理应根据下列九点确立事业所内部日常业务运作的管理方式：

（1）各项账簿证据资料等完备。

（2）各种规则规定通告文件资料完备。

（3）确立业务计划及规定。

（4）确立指示命令制度。

（5）事务报告制度。

（6）书面请示制度。

（7）实施指导教育。

（8）实施巡视、巡回。

（9）确立会议制度。

2. 必须贯彻实施此管理制度描述，使其对销售和完成预算有直接贡献。

第三十一条　经理人员的指导教育。

平常身为上司的经理及科股长应对负责人员进行有关情报收集讨论对策处理等的教育指导。

第三十二条 销售应对基准的制作。

负责人员应依据下列要点制作销售的应对基准，并利用此基准对负责人员进行教育训练。

1. 销售应对基准 A。

这是负责人员对零售店主及店员的应对基准。

2. 销售应对基准 B。

负责人员或零售商店店员接待顾客时的基准。所谓基准是将各负责人员的成功例子筛选后发表出来。

3. 顾客调查卡的实绩统计。

根据各地区负责人所收集到的顾客调查卡做销售实绩的统计、管理及追踪。

3.10 销售业务管理制度描述

销售业务管理制度

第一条 本规则用来规定本公司的销售相关业务处理方式。

第二条 本规则的适用范围除直接从事销售工作者外，凡与此有关联者一概包含在内。

第三条 销售活动。销售活动须积极进行，务必使其结果能贡献公司业务的进展。

第四条 销售人员须知。从事销售工作的人员，除应透过公司所规定的组织，在所属主管的监督指导之下与同事彼此亲和互相协助，在维持工作部门的秩序之外，对外方面亦不可有失作为一个公司人员的气度。

第五条 各种规则的遵守。公司人员除本规则及其他规定外，对于公司临时发出的传达或命令也应视同本规则遵守。

第六条 连带保证制度。对于从事销售业务人员应尽快设立连带保证制度。

第七条　事前调查。从事销售业务人员对于对方的付款能力等，应做事前调查并衡量本公司的生产能力是否能依对方的订购内容作配合后，再行决定是否受理订货。

第八条　调查事项。从事销售工作人员应随时做好下列四项调查，并将内容报告给所属主管。

1. 预定下订单的机关公司及学校的概况。

2. 调查与下订单者有交易关系，并为本公司竞争对象的同业者、设计事务所、建设业者。

3. 下订单的对方与本公司的关系及以往的订货实际付款情况。

4. 如为第一次交易者，应就其经历、负责人性格、资金、往来银行、从业人员数目、每月生产能力及交易能力有无、与本公司的竞争、同业交易业务内容等进行调查。

第九条　订货情报订。货情报订应尽快取得并在所属经理的指导之下尽快展开有效率的销售活动。

第十条　估价单的提出。在提出估价单时，应先取得所属主管的裁决认可后方得提出。

第十一条　严格遵守价格及交货期。在受理订货时除了应遵守公司规定的售价及交货期外，对于下列五项规定也应确实遵守：

1. 品名规格数量及契约金额。

2. 具体的付款条件付、款日期、付款地点、现金或支票支付日期、收款方式。

3. 除特殊情况以外，从订货受理到交货之间的期限一般以三个月为主。

4. 交货地点、运送方式、距离最近的车站等交货条件。

5. 安装运转及修理等所需的技术派遣费的协定。

第十二条　契约书的提出。如前述条件已具备，应将订货受理报告书连同订购单及契约书等证明订货事实的资料一起提出给所属的主管。

第十三条 注明新旧客户。

1. 订货受理报告书中对于订购者是新客户或者已有往来的客户须注明清楚。

2. 如果是旧客户应依据交货日期记明目前的未付款项余额，另外，尚需注明交易前或交易中是否有意外事故发生，新客户则重新处理。旧客户如曾有不良记录者予以标示。

第十四条 契约上的留意点。在受理订货或订立契约时应先确认工程现场及相关施行范围、规格设计等事宜。

第十五条 在受理订货或订立契约时应依照下列四项条件选择交易公司缔结付款条件：

1. 对于以往一向忠实履行付款条件的旧客户可依照惯例认可本交易，但仍必须规定在六个月内收回货款。

2. 与新客户的交易原则，在交货时必须同时收取现金。

3. 即使是已往来的客户，仍应依照其付款能力的好坏采取由交货处代理受领或直接契约的方法。

4. 对于过去曾发生过支票不兑现或不信守契约行为的客户，一概不接受代理受款以外的订货方式。

第十六条 免费的追加补货交货后，若基于客户的要求或其他情况的需要必须免费追加机械器具或零件等物品的话，须事前提出附有说明的相关资料给总经理取得其裁决。

第十七条 损失负担。因前项而发生损失的责任归属问题，则另订条文规定。

第十八条 报告。从事销售业务人员对于本规则第八条所规定的内容，应提出下列资料并经由所属主管直接向董事长报告：

1. 每日的活动情况（每日）。

2. 三个月内的订货受理内容报告（每月最后一日）。

3. 收款预定（每月最后一天）。

第十九条　报告的检查。根据前项提出的报告，管理科进行检查后设立三个月的营业方针计划并对成果进行调查。

第二十条　订货确认变更的通知。

1. 管理或生产部门针对生产能力进行评估，再依据订货受理报告书中的条件及内容做好确认之后迅速发出订货确认的通知或变更通知给负责人员。

2. 负责受理订货人员在收到前项变更通知后须立即与订货者联络，并设法努力与订货人交涉使订货条件符合规定。

第二十一条　管理科。管理科应针对订货受理及交货等状况加以调查分析并负责督促交货事宜。

第二十二条　销售价格表。销售价格表须随身携带但不可借给或流传到第三者手中，另外经过公司许可借出的图表等资料也应迅速设法收回。

第二十三条　目录等的配发。目录及其他销售上的必要资料必须慎选对象后发放。

第二十四条　销售奖金制度。公司另设有销售奖金制度，以资奖励直接从事销售业务人员及特约店代理店。

第二十五条　货款的回收。负责受理订货者应对货款回收事宜负责。

第二十六条　回收货款时的注意事项。负责回收货款者必须遵守下列三点事项：

1. 在受理订货或提出估价书时应与对方谈妥付款条件。

2. 在交完货后应立即提出清款单，在付款日须亲往收款或寄出缴款委托函给对方。

3. 经常与订货者保持密切联络，不断设法使对方如期付款。

第二十七条　提出收款预定。负责人员应于每月底将订货方三个月间的收款预定表提出。给所属主管预定表的要领如下：

1. 以每月的 10 日、20 日及月底做区分，注明各现金款项及票据的金额。

2. 管理科依据收款预定表交给负责受理订货人员并交付余额确认书及付款通知书等，借此督促加强收款业务。

第二十八条 无法收款时的赔偿。当货款发生无法兑现判定，已无收款可能时，负责人员须由其薪资中扣除相当于此货款的额度作为赔偿。

第二十九条 不良债权的处理。交货后六个月内对方仍赊欠货款时，一般视为不良账款，应由负责人员从其薪资中扣除相当于该款项的5%金额赔偿给公司，但是前项规定实施后的两个月以内如果该货款的总额已获回收则前项赔偿金的二分之一应退还给负责人员。

第三十条 回扣的范围。回扣的范围以超过公司规定的销售价格者为主，低于销售价格者不予认可。回扣的对象以契约或交货的对方为主，结算条件必须附有收据，另外对于国营机构其回扣行为将不予认可。

第三十一条 回扣。如契约规定并经得公司许可，必须赋予回扣时只能以限定比例支付。

第三十二条 销售佣金。销售佣金的处理则依照第三十条及第三十一条的回扣条件来施行。

第三十三条 订货取消及退还货品。当发生订货取消或要求退货等事件，应立即依照规定步骤将对方的凭证资料提交给所属主管，并待管理科决裁通知时方可更正自己所持有的销货内容。

第三十四条 退货的处理。因不得已的理由而必须接受退货时应迅速将契约书及对方的退货传票交给所属主管，如果事情的责任须归属该负责人，则须从该负责人的薪资中扣除运费、包装费及机器调整费等必要的相对费用，以作为对公司的赔偿。

第三十五条 交货后的折扣。如货品交出后货款被打折，应将对方的相关资料连同契约书订单等提交给所属上司。不管被打折扣是事出何因，负责人都应从薪资中扣除相当于折扣金额的款项给公司作为赔偿。

第三十六条 预付款的申请。出差应依据公司规定的方式于出差前的四天包括请款日向所属主管提出出差旅费的预付，并取得董事长的认可方可向管理科申请支付。

第三十七条　出差旅费。关于出差旅费的申请请依据另行规定的旅费规章办理。

第三十八条　日报的提出。出差者应依照另行规定的步骤从出发日起按日提出自己的活动状况报告。

第三十九条　明示。所在处出差者应将自己未来数天的去向告知公司或留言给将离去之处，让公司随时知道自己的所在。

第四十条　旅费的核算。出差旅费的核算应于返回公司两天内依照规定的步骤向所属主管提出报告。

第四十一条　以贷出款处理。出差者在返回公司上班的三天内包括归来的当天未提出核算书时，预付给该人的出差费即视为对该出差人的贷款且不再支付出差旅费。

第四十二条　技术人员的派遣。关于派遣技术人员到其他公司服务时，须事先附上对方公司的要求书，转差所属主管取得其许可并提出派遣委托书后始准派遣。

第四十三条　派遣内容。关于技术派遣须依照另行规定的工务规章来实施。

第四十四条　活动经费。销售活动所需的经费预算应于每月初决定。

第四十五条　销售的各项经费。销售经费的认可只限于前条所规定的范围，超出此限者不予认可。

第四十六条　销售经费的处理。各项销售经费须在付款账目中分别记入规定的计算科目，并依照规定的格式提出申请。

第四十七条　预付款及结算。各项销售经费的支出采取预付与结算两种方式，但两者都必须具备下列两项条件：

1. 结算方式的付款须附上收据证明。

2. 预付方式只限于事前有公司认可者为主。

第四十八条 经费的认可。在申请各项销售经费的支出时，各负责人员应备齐相关资料并于规定的期限内提交给所属的主管取得其认可。

第四十九条 经费的运作。各负责经理对于预算及各项销售经费的运用须负起责任。

3.11 销售费用控制细则描述

销售费用控制细则

第一条 为有效控制销售部门的费用，特制定本细则。

第二条 销售费用。销售费用是在销售过程中发生的、为实现销售收入而支付的各项费用。

第三条 销售费用的构成。

1. 按照发生时间的先后，销售费用可分为售前费用、售中费用和售后费用。

（1）售前费用包括市场调研费用、公关费用、广告费用、培训费用以及为这些售前活动而支付的人员报酬。

（2）售中费用包括储存费用、包装费用、订货会费用、差旅费、销售专员报酬以及宣传材料印刷费用等。

（3）售后费用包括售后信息处理、维修材料费用、用户培训费用等。

2. 根据费用本身的特性，按其与业务的关系，销售费用又可分为固定销售费用和变动销售费用。

（1）固定销售费用即不随销售量而变化的费用，如销售专员工资、销售机构固定资产折旧费等。

（2）变动销售费用是随销售量变化而变化的费用，如佣金、运输费、包装费等。

3. 按照业务项目，销售费用还可分为销售专员报酬、广告费用、公关费用、业务费用、售后服务费用、销售物流费用。这种分类与会计报表相一致，销售总费用即各业务项目费用之和。其具体构成如下图所示。

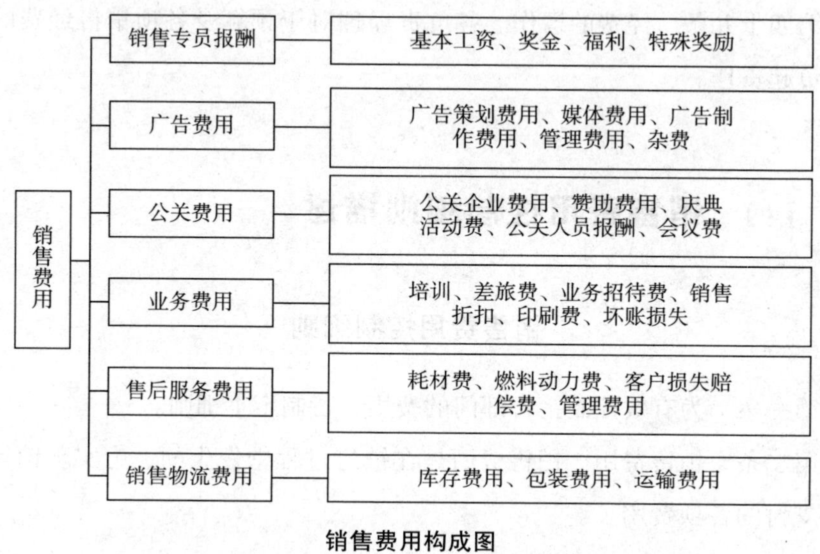

销售费用构成图

第四条　每年末，销售部应分月编制销售费用预算，拟定、填写下一年度的销售费用年度预算申请表，经财务部试算平衡后，报总经理批准后执行。

第五条　销售费用预算可采用两种编制方法。

1. 弹性编制法。

2. 滚动编制法。

第六条　每月末，销售部管理人员及销售专员应对本月发生的销售费用进行分项统计，填写销售费用分析表，开展偏差分析，及时发现问题并采取措施。如销售专员费用过高，可调整访问路线或降低住宿标准等。

第七条　节省销售费用最有效的方法是提高工作的有效性和针对性。

1. 分析市场时，寻找最有希望的市场区域及客户，有针对性地拜访。

2. 采用新的营销方法，如利用电话营销来降低费用。

3. 了解客户的习惯，如客户什么时间开销售会议、什么时候与之交往成交机会大等。

4. 提高销售专员的利润意识，使成本发生的可控性增强，有利于企业利润目标的实现。

第八条 销售费用的控制情况将与销售专员的薪酬挂钩，销售费用的控制绩效是销售部所有人员的重要考核指标。

第九条 本细则由市场营销部制定，报总经理审批后，自公布之日起执行。

3.12 销售业绩管理制度描述

销售业绩管理制度

第一条 为加强和改进销售绩效管理，提高企业总体经营效益，特制定本制度。

第二条 业绩管理不是一种单纯的数字统计工作，而是对原始资料加以综合统计和研究。

第三条 业绩管理工作不是对个人单纯的绩效统计工作，而是与其他团体不可分的整体性统计工作。

第四条 销售专员个人销售业绩的统计项目。

1. 固定客户订货数量统计：

（1）推销订货数量统计，各类销售专员访问时所接受的订货统计。

（2）信件、电话订货数量统计，对各类销售专员所辖区域内客户来信或来电订货数量的统计。

2. 新开拓客户订货数量统计，即非固定（原有）客户订货统计。

3. 销货退回数量统计：

（1）业务问题统计，指对因供货不及时无法按时退送货而退货的统计。

（2）品质问题统计，指对因产品质量不良而退货的统计。

（3）误期问题统计，指对未按客户指定日期送货而遭退货的统计。

（4）其他问题统计，指销售专员订货太多，或因滞销问题而退货的统计。

4. 销售作废统计，指销售专员开具售货清单已录入统计表，在未送货前又取消清单数量的统计。

5. 销售优惠款额统计，指佣金款额统计。

6. 实销额统计，即客户订货累计额扣除退货、折扣、作废和优待的统计。

第五条　凡个人销货中退货为上月份订货（或送货）、折扣、作废和优待的统计。下月份从该销售专员销售业绩中扣除，或追回该退回数量绩效奖金。

1. 对销售专员个人销售损益加以统计，即个人销售毛利统计，其项目如下所列：

（1）确定各产品的边际成本，即边际价格及推销成本。

（2）销售费用统计，即薪水、津贴、车辆保险、油费和旅费等费用的统计。

（3）其他费用统计，即对交际、赠送和其他等费用的统计，运费也应列入。

2. 对销售专员个人销售收款业绩加以统计，其项目如下所列：

（1）本月应收货款统计（含本月底止应收未收款）。

（2）本月实收款额统计（含期票）。

（3）期票利息损益统计。

3. 对销售专员个人销售净利润，即销售毛利扣除期票损益加以统计。

4. 本企业销售业绩分月份及年度两类加以统计，其统计项目如下：

（1）实际销售总额统计。

（2）销售退货总额统计。

（3）各区域、各种类销售额统计。

第六条　销售部对销售专员工作业绩加以统计后，对绩效应制成图表，以帮助经营者了解经营状况。

第七条 销售专员工作绩效统计图表种类规定。

1. 业务统计表：个人业绩统计比较表、经销商业绩统计比较表。

2. 每月业绩累计比较表：销售专员每月业绩统计比较表、经销商业绩比较表。

第八条 销售部应以销售净额统计为主，销售成长率应制成图表，其中包括销售总额增长一览表、产品销售额增长一览表和各业种销售总额增长一览表。

第九条 企业为销售部确定销售目标。

第十条 销售部同时对销售专员规定个人月标准销售额。

第十一条 规定销售目标完成率计算。

第十二条 规定销售利润增长统计。

第十三条 规定销售收款增长统计。

第十四条 收款票据损益增长，从发货起60天为计算期。

第十五条 规定制度执行率统计。

第十六条 本企业规定绩效指标构成。

第十七条 计算绩效等级后，应列表公布前三名，以鼓励成绩优秀的销售专员。

第十八条 为奖励业绩优秀人员，提高销售专员的士气，提高企业的销售绩效，对绩效优秀人员酌情发放奖金以资鼓励。

第十九条 奖金发放，除依本企业奖惩管理办法规定外，悉依本制度办理。

第二十条 绩效优秀人员奖金发放，规定如下：成绩绩效奖金、“名次”绩效奖金、月度名次奖金、年度名次奖金。

第二十一条 奖金发放规定如下：月度（分成绩及名次）奖金于次月发薪时发放，年度奖金于年度结算后发放。

第二十二条 前面所述的年度奖金与年终奖金无关。

第二十三条　销售部应定期填写各类统计表，呈报主管部门作为经营参考，包括《月度个人销售实绩计表》《月度组别销售实绩统计表》《年度业务绩效及费用考核表》《销售额季节变动指数计算表》《产品构成分析表》和《销售费用分析表》。

3.13 销售考核管理制度描述

销售考核管理制度

第一条　为科学、公正地评估本企业销售专员的销售业绩及其贡献，特制定本制度。

第二条　本制度适用于本企业所有销售专员。

第三条　销售绩效考核可使销售专员的薪资调整、绩效工资发放和职务调整有理有据。

第四条　有效增加员工之间的合作精神，对员工的工作进行客观了解和公正评价。

第五条　对员工开展有针对性的培训，帮助员工改进工作方式，提高工作绩效。

第六条　客观、公平原则。

1. 客观：以绩效信息收集的事实为依据，用数据说话。

2. 公平：所有销售专员 KPI（关键业绩指标）一致性，修正考核主体的多元性。

第七条　定期化、制度化原则：为考核创造一个稳定、连续的环境。

第八条　可操作性及定性与定量相结合的原则。

1. 可操作性：设置的 KPI 指标必须是可操作的。

2. 定性与定量相结合：在定性的基础上最大可能地追求量化。

第九条　月度考核。对员工当月的工作表现进行考核。每月 25 日制定下一个月的考核指标，下月1~5日对员工在本月的工作进行综合评价，遇节假日顺延。

第十条　年终考核：考核期限为当年1~12月。每年的12月制定一下年度的绩效考核指标；考核时间为下一年度的1月5日至15日。

第十一条　销售部对销售专员进行考核，人力资源部相关人员予以配合，考核结果上报总经理审批后生效。

第十二条　被考核者为各类销售专员。

第十三条　对销售专员的考核，主要包括工作绩效、工作能力、工作态度三部分，其权重设置分别为：工作绩效70%，工作能力20%，工作态度10%。其具体评价标准如下表所示。

销售绩效考核表

考核项目		考核指标	权重	评价标准	评分
工作业绩	定量指标	销售额完成率	35%	实际完成销售额÷计划完成销售额×100% 考核标准为100%，每低于5%，扣除该项1分	
		销售增长率	10%	与上一月度或年度的销售业绩相比，每增加1%，加1分，出现负增长不扣分	
		销售回款率	20%	超过规定标准以上，以5%为一档，每超过一档，加1分，低于规定标准的，为0分	
	定性指标	新客户开发	15%	每新增一个新客户，加2分	
		市场信息的收集	5%	1. 在规定的时间内完成市场信息的收集，否则为0分； 2. 每月收集的有效信息不得低于×条，每少一条扣1分	
		报告提交	5%	1. 在规定的时间之内将相关报告交到指定处，未按规定时间交报告者，为0分； 2. 报告的质量评分为4分，为达到此标准者，为0分	
		销售制度执行	5%	每违规一次，该项扣1分	
		团队协作		因个人原因而影响整个团队工作的情况出现一次，扣除该项5分	

续表

考核项目		考核指标	权重	评价标准	评分
工作业绩	工状能力	专业知识	5%	1 分：了解企业产品基本知识； 2 分：熟悉本行业及本企业的产品； 3 分：熟练掌握本岗位所具备的专业知识，但对其他相关知识了解不多； 4 分：掌握熟练业务知识及其他相关知识	
		分析判断能力	5%	1 分：较弱，不能及时做出正确的分析与判断； 2 分：一般，能对问题进行简单的分析和判断； 3 分：较强，能对复杂的问题进行分析和判断，但不能灵活运用到实际工作中来； 4 分：强，能迅速对客观环境做出较为正确的判断，并能灵活运用到实际工作中并取得较好的销售业绩	
		沟通能力	5%	1 分：能较清晰表达自己的思想和想法； 2 分：有一定的说服能力； 3 分：能有效化解矛盾； 4 分：能灵活运用多种谈话技巧和他人进行沟通	
		灵活应变能力	5%	应对客观环境的变化，能灵活采取相应的措施	
	工作态度	员工出勤率	2%	1. 月度员工出勤率达到 100%，得满分，迟到一次，扣 1 分（3 次及以内）； 2. 月度累计迟到三次以上者，该项得分为 0	
		日常行为规范	2%	违反一次，扣 2 分	
		责任感	3%	0 分：工作马虎，不能保质保量地完成工作任务且工作态度极不认真； 1 分：自觉地完成工作任务，但对工作中的失误，有时推卸责任； 2 分：自觉地完成工作任务且对自己的行为负责； 3 分：除了做好自己的本职工作外，还主动承担企业内部额外的工作	
		服务意识	3%	出现一次客户投诉，扣 3 分	

第十四条 根据员工实际工作表现，销售部经理组织相关人员对照销售专员绩效考核表对销售专员进行评估，并将结果汇总上交人力资源部。

第十五条 人力资源部将考核结果于考核结束后的3天内报考核评议小组审批。

第十六条 人力资源部于审批结束后的5个工作日内将考核结果反馈被考核者，进行绩效面谈。

第十七条 销售专员的考核得分将作为“每月薪资的奖金”“年终奖金”“调职”的依据。

第十八条 年度考核结果与年终奖金的关联如下表所示。

年度考核结果与年终奖金的关联表

年度考核得分	年终奖金
90分及以上	底薪×2.5
80分及以上	底薪×2
70分及以上	底薪×1.5
70分以下	底薪×1

第十九条 本制度由人力资源部负责解释修订，销售部执行。

第二十条 本制度自公布三日起执行。

3.14 新客户开发管理制度描述

新客户开发管理制度

第一条 为使本企业的客户开发工作细节描述化，顺利开展新客户开发的工作，特制定本制度。

第二条 为保证新客户开发计划的顺利进行，为企业争取到更多的市场，需要建立统一的组织协调机构。

1. 销售部作为主要的新客户开发组织策划部门，负责新客户开发计划的制订和组织实施。

2. 销售部所辖人员是新客户开发活动的具体执行人员。

第三条　新客户开发的任务。

1. 确定新客户的范围，选择需要开发的新客户，选择新客户开发计划的主攻方向。

2. 实施新客户开发计划，确定与潜在客户联系的渠道和方法。

3. 召开会议，交流业务进展情况，总结经验，提出改进对策，对下一阶段工作进行布置。

第四条　选择新客户的原则。

1. 新客户必须具有较强的财务能力和较好的信用。

2. 新客户必须具有积极的合作态度。

3. 新客户必须遵守双方在商业上和技术上的保密原则。

4. 新客户的成本管理和成本水平必须符合本企业的要求。

第五条　新客户开发的选择步骤。

1. 收集资料，制作《潜在客户名录》。

2. 分析潜在客户的情况，为新客户开发活动的实施提供背景资料。

3. 调查新客户的相关资料，衡量新客户是否符合上述基本原则。

4. 调查结束后，提出新客户认定申请，如下表所示。

5. 将上述资料分发给销售专员，准备新客户开发的实施。

第六条　为新客户设定代码，进行有关登记准备。

第七条　其他事项。包括将选定的新客户基本资料通知企业相关部门、确定对方的支付方式、新客户有关资料的存档等。

第八条　销售主管组织实施潜在客户调查计划。根据新客户开发人员提供的《潜在客户名录》，选择主攻客户，然后确定负责新客户开发工作的销售专员，进行分工调查，以寻找最佳的开发渠道和方法。

第九条　运用企业统一印制的《新客户信用调查表》，对客户进行信用调查。

第十条　根据调查结果，进行筛选评价，确定应重点开发的新客户。如调查结果有不详之处，要组织有关人员再次进行专项调查。

第十一条　向上级提出新客户开发申请，得到同意后，即实施新客户开发计划。

第十二条　在调查过程中，如发现信用有问题的客户，有关人员须向上级汇报，请求终止对其调查和业务洽谈。

第十三条　负责新客户开发的销售专员在与新客户的接触过程中，一方面要力争与其建立业务联系，另一方面要具体对其信用、经营、财务能力等方面进行调查。

第十四条　负责新客户开发的销售专员在访问客户或进行业务洽谈前后，要填写新客户开发计划及实施表。

第十五条　根据实际进展情况，销售主管应对负责新客户开发的销售专员及时加以指导。

第十六条　负责新客户开发的销售专员应通过填写新客户开发日报表，将每天的工作进展情况、取得的成绩和存在的问题向销售主管反映。

第十七条　本办法的目的在于充分利用销售专员在新客户开发和产品销售的过程中形成的宝贵建议。

第十八条　新客户开发建议的内容包括但不限于以下内容：

1. 企业整体营销策略的调整。

2. 客户开发与产品销售策略的制定。

3. 客户管理方法。

第十九条　新客户开发建议的途径。员工将写好的建议投入提案箱，本企业于每月20日开箱并于月底前审查完毕。

第二十条　新客户开发建议的内容不需要获得各级主管的审批和认可。

第二十一条　每三个月召集全体员工开会讨论一次，评定奖级，当场发奖。

第二十二条　新客户开发建议评定委员会的职责及组成。

1. 新客户开发建议评定委员会的主要职责是调查建议的内容，讨论并协调各部门的意见，并做出评价。

2. 新客户开发建议评定委员会由下列人员组成：主任由营销总监担任，副主任由市场部经理、销售部经理担任，委员由相关主管级人员担任。

第二十三条　员工所提建议通过新客户开发建议评定委员会的审查后，一经采纳，可按下表进行奖励。

新客户开发建立奖励具体设置如下表所示。

新客户开发建议奖励表

等级	评分基准	金额（元）
一等奖	具有独创性及经济价值，并可能实施	1000
二等奖	其内容可划分为四个等级	800
三等奖		600
四等奖		400
鼓励奖	该项建议具有独创性，将来可能有用	200
努力奖	建议人已努力，但其建议不可能实施	奖品

1. 各项提案根据其评分等级给予奖励。

2. 对于提出合理化建议的员工应予表扬，原则上表扬会于次月 10 日举行。

3. 企业另外还设有实施绩效奖。

4. 企业各部门依建议案件多少（以决定采用的建议为计算基准）与人数的比例，统计出前三名。由企业颁发“团体奖”并将其作为部门考绩的参考。

第二十四条　评定决定的通知及公告。

1. 每月底公布建议评定的结果，并通知建议人。

2. 建议采用者在本企业通知上予以公布。

第二十五条 建议的保留或不采用的处理。

1. 经委员会认定还有待研究的建议，须暂予保留，延长其审查时间。

2. 对于未被采用的建议，如果评定委员会认为稍加研究即可发挥作用的，应告知建议人，相关部门应予以协助。

第二十六条 经采纳建议的处理。

1. 评定委员会应将决定采用的建议，分部门填写建议实施命令单，于建议提出后的次月 15 日以前交各部门组织实施。

2. 经办部门的经理应将实施日期和要领填入建议实施命令单内，于月底前送交委员会，如在实施过程中遇到困难时，应将事实报告主任委员。

3. 经决定采用的建议，在实施上如与有关部门的意见不合时，由主任委员裁决。

4. 建议实施后其评价如超过原先预期的效果时，由委员会审查后追补建议人奖金。

5. 实施的最后确认由评定委员会负责，但实施责任应属各部门，有关建议实施的困难事项，由委员会处理。

第二十七条 本制度报总经理审批后公布执行，市场营销部负责解释。修改时亦同。

3.15 订货发货管理制度描述

订货发货管理制度

第一条 为使本企业的订货发货管理工作细节描述化，顺利开展订货发货工作，特制定本制度。

第二条 订货管理应遵循合理的程序。

1. 接到客户发来的订货要求。客户订货有以下情况：一是电话订货，二是传真或快递订货单。

2. 销售主管或片区销售专员填写订货登记表和订货统计表。

3. 销售主管查阅双方是否签有合同。若有，则需审核是否按合同订货；若没有，则需签订合同，并报上级统一审批。

4. 查阅双方的交易记录和结算记录。如无货款结算遗留问题，即可进入生产或发货程序。

第三条　订货单需交经销商、营销部、财务部和生产部各一份。

第四条　各分公司要在经理的直接负责下，每月确定一次各品种的订货点，当库存量达到或低于订货点时，及时向公司发出要货订单。

第五条　确定订货点时，应参照本分公司上月平均日销量、去年同月平均日销量以及货物从公司到本分公司的在途时间。

第六条　每周（每月），各分公司经理应会同库管员和统计员，提出下周（下月）的要货意向清单，由统计员于每周五下班前传至企业销售部。

各分公司的下周（月）要货意向清单与实际订货的符合情况，将作为对办事处经理考核的参考依据。

第七条　为控制库存、加速回款，公司对各分公司定期核定出一个资金占用限额指标。各分公司在此限额指标内的订货，营销本部将予以保证；超出该限额指标的订货，应经过营销总监的审批后才予以供货。

第八条　各分公司应保持库存结构的合理性。为能及时调整库存结构，各分公司可参照公司关于调换货的有关规定进行处理。

第九条　销售部填写一式四联的发货单，列明购货单位（人）、地址、产品名称、数量、单价、金额和制单人并加盖销售专用章，交财务部据此开发票。

第十条　购货方持发货单和发票到财务部交纳货款，凭盖有财务专用章和收款章的提货单及发票到库房提货。

第十一条　成品保管员应核对发货单及发票内容后，发货并登记台账。

第十二条 发货时，购货方或经销商可指定检验机构到库房进行货物验收，验收合格后要求对方在验货单上签字。

第十三条 委托我方代办托运时，若对方不来验货，应在订货合同上注明我方不承担任何责任。

第十四条 所有货物在包装、搬运、出货过程中都要避免撞击和掉落。

第十五条 搬运大件货物时，需注意人身安全。

第十六条 用货车运货时，须视货物的轻重进行叠放，应避免货物被压损或变形。

第十七条 如货物不慎碰撞或掉落，可能会导致质量损坏时，发货人员需及时检验，以确保其质量状况。

第十八条 货物在托运前发货人员要核对品名、规格、数量是否正确。

第十九条 本制度报营销总监审核、总经理审批后，自公布之日起执行。

第二十条 本制度参照企业生产、仓储及运输等相关部门的管理制度描述制定，由市场营销部负责解释。

3.16 应收账款管理制度描述

应收账款管理制度

第一条 为了规范本企业应收账款的管理工作，确保应收账款能及时收回，减少出现呆、坏账的次数，确保企业在法律上的各项权益，特制定本制度。

第二条 销售专员每天需将当天所收到的款项，填具缴款单，交营业会计点收。营业会计点收后，于缴款单上签字，并将第三联交还销售专员。

第三条　销售专员当日未收到款项的客户签单，需当日缴到营业会计处。第二日欲前往收款时，再向营业会计处领取。

第四条　营业会计每天应编制销货日报表，并于当天下班前，将其连同支票、销货退回折让证明单及所有销售专员的缴款单第一联（第二联存留于企业财务部），呈交总经理核阅。

第五条　收款时，倘因客户要求而同意尾数折让时，除应详细填写销货折让证明单，并由客户证实盖章外，还应交回营业会计核准。倘未取得销货折让证明单，一律于当月自该部门奖金中，就其短少部分，全数扣除。

第六条　营业会计需为每家厂商设立应收账款明细表，各厂商的销货及收款情况均需逐笔登录。

每月底，营业会计需编制应收账款月报表，并于次月 3 号前上报到企业财务部。

第七条　客户要求换货时，一律先办理销货退回（填具出货单，盖退货字样，代替退货单，再依正常手续办理出货）。

第八条　未收款。当月货款未能于次月 5 日以前回收者，自即日起至月底止，列为未收款。

第九条　未收款的处理办法。

1. 当月货款未能于次月 5 日以前回收者，财务部应于每月 10 日以前将其明细列支销售部审核。

2. 出现上述情形时，该辖区主管，应于未收款期限内，监督下属进行解决。

第十条　催收款。未收回账款未能于前项期限内回收者，即转列为催收款。

第十一条　催收款的处理办法。

1. 未收款未能依上列（未收款的处理办法第 2 款）解决，以致转为催收款者，该辖区主管应于未收款转为催收款后 5 日内将其未能回收的原因及对策，以书面提交副总经理，呈总经理核示。

2. 货款经列为催收款后，副总经理应于 30 日内监督下属进行解决。

第十二条 准呆账。经销商有下列所述的情形者，其货款列为准呆账。

1. 经销商已宣告倒闭或虽未正式宣告倒闭，但其征候已渐明显者。

2. 经销商因他案受法院查封，货款已无清偿的可能者。

3. 支付货款的票据一再退票，却没有令人可以相信的理由者，并已停止出货一个月以上者。

4. 催收款迄今未能解决，并已停止出货一个月以上者。

5. 其他货款的回收明显有重大困难的情形，经签准依法处理者。

第十三条 准呆账的处理办法。

1. 准呆账的处理乃以营业单位为主，至于所配合的法律程序，由法务部另以专案研究处理。

2. 正式采取法律途径以前的和解，由法务部会同市场营销部前往处理。

3. 法律程序由法务部另以专案签准办理，并随时请市场营销部协助有关事项。

第十四条 准呆账的检查。

准呆账移送法务部后，由法务部请董事会定期召集营业、企划、财务等部门，召开检查会，检查案件的前因后果，列为前车之鉴，并评述有关人员是否失职。

第十五条 销售专员应充分掌握倒账的时效及处理要领，避免使企业蒙受不必要的损失。

第十六条 企业若发生倒账的情况或判断即将发生倒账时，必须迅速口头通知企业法务部处理，禁止“知情不报”或“蒙骗”的情况发生，若再有类似过失，损失由当事人（销售专员及直属主管）负责。

第十七条　销售专员若有离职或调职，必须移交清册，一份呈交企业，且移交的结账清单要共同会签，直属主管要负起实地监交责任。若移交不清，接交人可拒绝接受“呆账”（应于接交日起 3 天内提出书面报告），否则须承担移交后的责任，所有人员不得推卸责任。

第十八条　销售专员、收账人员应了解企业应收票据的管理办法，了解支票的使用方法。

第十九条　本制度根据企业相关财务制度制定，报总经理审批后，自公布之日起执行。

第二十条　本制度由市场营销部和财务部共同解释。

3.17 客户提案管理制度描述

客户提案管理制度

第一条　为广泛听取客户意见，规范客户提案与意见的处理流程，做到广泛听取、及时处理、迅速反馈，特制定本制度。

第二条　以销售的全部产品为对象，应将全部客户视作提案（意见或合理化建议）的提出者。

第三条　客户服务人员提出提案目标和提案收集计划并及时通知客户，销售人员配合实施。

第四条　提案内容主要归结为降低使用成本、提高产品质量两方面，具体包括以下内容：

1. 与提高产品的标准化程度有关的建议。

2. 降低物流成本、改善销售渠道与方式的建议。

3. 有关提高加工组装和质检效率等方面的技术性建议。

4. 提供新材料、新零件方面的信息。

5. 有关改善售后服务等方面的建议。

6. 其他合理化建议。

第五条 客户服务人员制订提案计划，每年定期实施两次，并随时受理客户提案。

第六条 客户服务人员根据计划安排收集提案工作，编制科学合理的提案建议表单。

第七条 客户服务人员通过电子邮件、信件、电话访问或要求销售人员直接上门的方式及时通知客户提案，并提客户提案建议表单。

第八条 客户将自己的提案填入客户提案建议表后，及时返还市场营销部。

第九条 市场营销部受理后，填写受理记录，送交相关部门研究分析。

第十条 相关部门的研究分析时间原则上不超过一个月；否则，应报告具体日程安排。

第十一条 相关部门将研究结果记入提案表，返还市场营销部。市场营销部告知客户提案是否被采纳，如果被采纳应将实施时间、改进措施等通知客户。

第十二条 因客户提案而产生问题时，如属本企业开发研制，则归本企业所有；如属本企业与客户共同开发研制，由双方协议解决。

第十三条 提案成果享有权为一年，其分配比例为本企业40%、客户60%。

第十四条 提案实施一年后，其成果为本企业独享。

第十五条 对提供优秀提案的客户，依根据客户提案表彰规定，予以表彰奖励。

第十六条 提案的评价标准以供求计划确定时的成本降低额和提案件数为依据。

第十七条 本制度自发布之日起施行，市场营销部人员要认真对待，遵照执行。

3.18 客户服务管理制度描述

客户服务管理制度

第一条　为提高对客户的服务质量，加强与客户的业务联系，树立良好的企业形象，不断开拓市场，扩大销售成果，特制定本制度。

第二条　本制度所指服务包括对各地经销商、零售商、委托加工工厂和客户的全方位系统服务。

第三条　客户服务的主要内容如下表所示。

客户服务内容一览表

服务项目	包含内容
巡回服务活动	1. 对有关客户经营项目的调查研究； 2. 对有关客户产品库存、进货、销售状况的调查研究； 3. 客户对于本企业产品及其他产品的批评、建议、希望和投诉的调查分析； 4. 收集对客户经营有参考价值的市场行情、竞争对手动向、营销政策等信息
市场开拓活动	1. 向客户介绍本企业产品性能、特点和注意事项，对客户进行技术指导； 2. 征询新客户的使用意见，发放征询卡
售后服务活动	1. 对客户申述事项的处理与指导； 2. 对客户进行技术培训与技术服务； 3. 定期或不定期地向客户提供本企业的新产品信息； 4. 帮助客户解决生产技术、经营管理、使用消费等方面的技术难题； 5. 举办技术讲座或培训学习班； 6. 向客户赠送样品、试用品、宣传品和礼品等； 7. 开展旨在加强与客户联系的公关活动

第四条 客户服务的总原则是专人负责、定期巡访。

第五条 销售人员应将各地区的客户依其性质、规模、销售额和经营发展趋势等，分为A、B、C、D四类，实行分级管理。

第六条 客户服务管理人员应指定专人负责巡访客户（原则上不能由本地区负责销售的人员担任）。

第七条 客户关系主管应根据上级确定的基本方针和实际情况，制订客户服务计划，交由专人具体实施。

计划内容应包括重点推销商品、重点调查项目、特别调查项目和具体巡访活动安排、具体售后服务内容等。

第八条 客户服务工作的具体实施内容。

客户服务工作的具体实施内容

服务阶段	具体内容	实施人员
售前	1. 做好市场调查，收集客户资料，确实了解客户需要，然后选择适当的产品介绍给客户； 2. 确认客户预定的产品是否有合适的环境和使用条件，如有问题要事先做好补救	销售人员 客户服务人员
售中	1. 详细说明产品性能，指导正确的使用方法； 2. 让客户牢记日常维护要领，叮嘱管理方法及保存、保养方法	销售人员
售后	1. 适时回访，发现问题及时解决； 2. 定期检修，发生故障及时抢修； 3. 旧产品使用一段时间后，要在适当时候提出更换新产品的建议； 4. 为客户进行技术指导与培训； 5. 其他客户需要解决的问题	销售人员 客户服务人员 技术人员
其他	1. 馈赠：对特殊客户，如认为有必要赠送礼品时，应按规定填写赠送礼品预算申请表，报上级主管审批； 2. 为做好客户服务工作，对每个地区配置1～2名技术人员负责解决技术问题。重大技术问题由生产或技术部门予以协助解决	销售人员 客户服务人员

第九条　客户服务人员每日应将拜访客户的结果以日报表的形式向上级主管汇报。并一同呈报客户卡。日报内容包括：

1. 客户名称及巡访时间；

2. 客户意见、建议和希望；

3. 市场行情、竞争对手动向及其他企业的销售政策；

4. 巡访活动的效果；

5. 主要事项的处理经过及结果；

6. 其他必要的报告事项。

第十条　客户关系主管接到巡访日报后，应整理汇总，填写每月巡访情况报告书，提交企业主管领导。

第十一条　客户关系主管接到日报后，除能够自行解决的问题外，应随时填写巡访紧急报告，通报上级处理。报告内容主要应包括：

1. 竞争对手的销售方针政策发生重大变化；

2. 竞争对手有新产品上市；

3. 竞争对手的销售或服务出现新动向；

4. 发现本企业产品有重大缺陷或问题；

5. 其他需做紧急处理事项。

第十二条　本制度自颁布之日起生效，根据企业实际发展运营情况每年修订一次。

3.19 售后服务管理制度描述

售后服务管理制度

第一条　为加强市场营销部的售后服务工作，提高销售业绩，塑造企业良好的品牌形象，特制定本制度。

第二条 企业市场营销部下设专门的客户服务机构，配置客户服务人员，负责售后服务工作。

第三条 企业客户服务人员负责企业产品的客户（用户）意见收集、投诉受理、退货换货、维修零部件等工作。

第四条 企业设立专业售后服务队伍，或者指定特约服务商、维修商，并与之签订委托协议或合同。

第五条 与特约服务商之间因衔接不当、纠纷而影响对客户的服务时，客户服务人员应及时上报主管人员，及时处理。

第六条 企业根据行业惯例，确定本企业产品的保质期、保修期。在一个产品中，不同部位、不同部件有不同保修期的应特别说明。

第七条 企业产品的保质期、保修期，应载于产品说明材料内。企业因促销等原因导致保修期出现变化的，应及时通知售后服务部门。

第八条 售后服务类型。

售后服务类型表

服务类别	具体内容
有偿服务	凡属于为客户保养或维护本企业出售产品，向客户收取服务费用者属于此类
合同服务	凡属于为客户保养或修护本企业出售的产品，依本企业与客户所订立产品保养合同书的规定，向客户收取服务费用者属于此类
免费服务	凡属于为客户保养或维护本企业出售的产品，在免费保证期间内，免收客户服务费用者属于此类
一般行政工作	凡与服务有关的内部一般行政工作，如工作检查、零件管理、设备工具维护、短期在职训练及其他不属前三项的工作均属于此类

第九条 售后服务操作程序。

1. 企业客户服务专员在接到维修来电来函时，应详细记录客户名称、地址、联系电话、产品型号，尽量问清产品所存在的问题和故障现象，填写在报修登记簿上，同时在该客户资料袋内，将该产品型号的服务凭证抽出，送维修部门处理。

2. 维修主管接到报修单后，初步评价故障现象，派遣合适的维修人员负责维修。

3. 维修人员持服务凭证前往客户现场服务，凡可当场处理妥当者即请客户于服务凭证上签字，带回交与客户服务人员于报修登记簿上注销，并将服务凭证归档。

4. 凡在客户场所不能修复带回修理的，应开立收据交予客户，并在企业进出商品簿上登记。修复后应向客户索回收据，并请其在维修派工单上签字。

5. 带回修护的产品，如是有偿修护，维修人员应在归还产品当天凭服务凭证到财务部开具发票，以便收费。

6. 凡属有偿服务，其费用较低者，应由维修人员当场向客户收费，将款交予财务，凭此补寄发票，否则应于当天凭服务凭证到财务部开具发票，以便另行前往收费。

7. 每次维修之后，维修人员上交派工单，主管考核其维修时间和质量。各种维修应在企业承诺的时限内完成。

8. 维修主管应逐日依据维修人员的日报表，将当天所属人员服务的类别及所耗时间填入服务日报表后送请总经理审核后，转送市场营销部。

9. 凡待修产品，不能按原定时间修好的，维修人员应立即报请主管予以协助。

10. 市场营销部客户服务人员应根据报修登记簿核对服务凭证后，将当天未派修工作，于次日送请维修主管优先派工。

第十条　对于维修人员的规定。

1. 企业维修人员经培训合格或取得岗位资格证书后才可上岗，企业鼓励维修人员通过多种形式提高其维修技能。

2. 如上门维修，维修人员应佩戴企业工号卡或出示有关证件后才能进入客户场所，并尽量携带有关检修工具和备品备件。

3. 如上门维修，企业应协助维修人员运输商品，运输费用按有关规定支付。

4. 维修人员的工作应认真负责，不得对客户卡、拿、吃、要，要爱护客户设备或办公环境，不损坏其他物品。

5. 所有的服务作业，市区采用六小时派工制，郊区采用七小时派工制，即报修时间至抵达服务时间不得超过六小时或七小时。

6. 保修合同期满前一个月，客户服务人员应填写保修到期通知书寄给客户。

第十一条　企业根据保护消费者权益、商品交易的相关法规，制定企业产品退换货的具体规定。

第十二条　企业产品退换货的具体规定，要明示于销售场所，载于产品说明材料内。

第十三条　企业制定具体退换货工作流程，并培训有关人员熟悉该规程。

第十四条　企业的仓库、运输、财务、生产制造部门为退换货给予支持和配合，并进行工作流程上的无缝衔接。

第十五条　查清退换货的原因，追究造成该原因的部门和个人的责任，并作为业绩考核的依据之一。

第十六条　为加强客户服务工作，培养客户服务人员“客户第一”的观念，特举办客户意见调查活动，所得结果作为改进服务措施的依据之一。

第十七条　客户意见分为客户的建议或抱怨及对销售人员的评价。除将评价资料作为销售人员每月绩效考核的一部分外，对客户的建议或抱怨，市场营销部应特别加以重视，认真处理，建立本企业售后服务的良好信誉。

第十八条　客户服务人员应将当天客户报修登记簿于次日寄送销售

部，以凭此填写客户意见调查卡。

第十九条　对销售人员的评价，分为态度、技术、到达时间及答应事情的办理四项，每项均按客户的满意状况分为四个程度，以便客户勾填。

第二十条　对客户的建议或抱怨，情节重大者，市场营销部应立即提呈销售部经理核阅或核转，提前加以处理，并将处理情况函告该客户；一般性质者，市场营销部自行酌情处理，但应将处理结果以书面或电话形式通知该客户。

第二十一条　凡属加强服务及处理客户的建议或抱怨的有关事项，市场营销部应经常与客户服务人员保持密切的联系，随时给予催办，并协助其解决所有困难问题。

第二十二条　市场营销部对抱怨的客户，无论其情节大小，均应由销售主管亲自或专门派人员前往处理，以示尊重。

第二十三条　本办法呈请总经理核准后公布施行，修正时亦同。

3.20 店铺运营管理制度描述

店铺运营管理制度

第一条　为规范企业的日常运营，保证实现运营目标，加强各部门之间、各店铺之间的沟通和联系，特制定本制度。

第二条　人员招聘与录用。

1. 招聘人员的标准。

（1）诚实正直、积极进取。

（2）具有基本沟通能力的高中以上文化程度的年轻人。这一要求也视各个地方的具体情况而定。

2. 招聘计划的制订。

（1）首先是人数，招聘人数应大于配置时计算出的人数，这样做有利于人员的自然淘汰、提升人员素质以及扩充组织。

（2）其次确定需要多少人来进行长期深度分销工作，有多少人在一段时间内只要技巧熟练，销售业绩好就能得到提升。

（3）由于店铺销售人员的稳定性比较低，可用如下几种方法最大限度地消除因人员流动造成的影响：

①招聘易于管理的当地人员。了解其背景，存留其住址、户口复印件、身份证复印件等资料。

②加强培训。使销售人员感受到工作的价值，减少人员流动的可能性。

③合理的报酬。使销售人员满足个人基本需求。

3. 根据需要招聘人员。

（1）满足于深度分销工作并踏实肯干的人。招聘这一类人时重点考察其是否诚实正直、吃苦耐劳，这份工作是否是他生存的需要。

（2）努力工作并在其中发展技能以适应更具挑战性工作的人。招聘这类人除了诚实正直以外还需重点考察其是否有潜力，这份工作是否重点满足他发展的意向。

从以上分析可以看出，学历并不是店铺招聘人员考虑的标准，能吃苦耐劳或者有发展潜力才是重点。

4. 招聘中的透明度。

招聘时应向应聘者清楚说明店铺销售人员的职责、工作性质、待遇和可能的发展方向。

5. 录用。

通过填应聘表、两轮面试以后，并不能确定该应聘者的素质是否能满足店铺销售工作的要求，为期一周左右的见习期可以让应聘者直观地了解店铺销售工作，也能使店铺经理清楚地看到该应聘者是否吃苦耐劳，是否有培训、发展潜力。因此建议通过见习期的双向了解之后，再做招聘的最后决定。

第三条　人员培训。

1. 培训目标。

为了使销售人员能有良好的发展前途，同时树立良好的职业形象，需要通过培训达到以下目标。

（1）使销售人员认同企业的价值观，如诚实正直，用正确的办法做正确的事，用专业的方式、技巧做销售。

（2）使销售人员掌握达到深度分销标准的基本技巧。

（3）向更高一级销售队伍提供合格人才。

2. 培训内容。

公司简介，分销商的介绍，企业店面的风格，品牌知识，四个销售的核心基础，基本的沟通技巧，满足客户常见的需求和需要的一般性利益描述，基本处理反对意见的技巧等是销售人员的主要培训内容。

第四条　销售激励。

主要有以下销售激励机制。

1. 工资评定制度上拉开差距，多劳多得。

2. 额外的竞争机制，如销售比赛、新产品竞赛、优秀销售代表评选等。

第五条　采购业务。

1. 综合。

原则上以合同采购为主。其业务活动主要由企业采购部负责，部分业务交分店办理。

2. 分店的采购业务。

分店所负责的采购业务主要包括以下几项：

（1）提出采购计划；

（2）依据采购部的综合采购合同订货；

（3）签订临时或小额的采购合同；

（4）进货管理；

（5）货品的检验和退货。

3. 采购支付。

无论货款数额大小，皆由企业总部支付货款。

4. 采购事务处理。

（1）各分店根据年度或月度采购预算，将所要采购的商品种类、数量、供货商及其他事项记入采购计划表，通过企业转交采购部。

（2）采购部对采购计划进行必要调整后，与供货商签订综合采购合同，在合同范围内，各分店可自由认货。

（3）合同外的特急或小额订货事务由分店自主处理，但应向本企业提交订货单一份。

第六条 商品管理的内容。

1. 入库商品的验收和保管。

店铺工作人员要严格验收入库商品，弄清商品及其包装的质量状况，防止商品在储存期间发生各种变化。对吸湿性商品要检测其含水量是否超过安全标准，对其他有异常情况的商品要查清原因，针对具体情况采取救治措施，做到防微杜渐。

2. 出库商品的运送配置。

3. 库存商品的保管。

4. 仓库的管理。

主要包括保持仓库清洁卫生、温度、适度适宜及各种消防设施的完好等。

5. 商品管理计划的编制与实施。

第七条 商品的出入库都必须办理正式手续。

第八条 特殊商品应附有商品标签，每天进行盘点。

第九条 严禁将退货、暂存商品和样品与一般商品混合，质量有问题的商品应尽快退货。

第十条 分店的销售方针、销售计划、营销组织、规章制度等的决定由企业会同分店长确定。具体的运营办法由各店根据实际情况决定。

第十一条　分店重大事项的决策必须经过企业有关部门的裁决。

第十二条　货款回收与赊销管理。

1. 销售货款的回收由各分店负责。各分店每月都编制营销人员和客户的货款回收计划，提交企业。如计划内容发生变化，应及时通报企业。

2. 赊销款管理由分店负责，除现金交易外，赊销款需记入客户台账。对滞纳货款回收应制定特别回收计划，采取特殊回收方法。

3. 分店需将信誉不良客户的货款滞纳情况和分店采取的回收措施向企业报告。

第十三条　货款交纳。

1. 销售货款及其他收入必须按企业指定时间通过指定银行转入企业账户。具体转账事务由企业财务部负责。

2. 分店的货款收入一概不许留用或挪用。支出费用由专项资金保证。

第十四条　服务内容。

1. 有偿服务，为客户保养或维护本企业出售的商品，向客户收取服务费用者属于此类。

2. 合同服务，为客户保养或修护本企业出售的商品，依本企业与客户所订立商品保养合同书的规定，向客户收取服务费用者属于此类。

3. 免费服务，凡为客户保养或维护本企业出售的商品，在免费保证期间内，免向客户收取服务费用者属于此类。

4. 免费为顾客提供相关咨询。

第十五条　产品退换货处理。

1. 商品退换货工作必须严格按照企业的相关规定执行。

2. 凡在本企业各卖场购买的商品，×天内保持原质原样、不污不损且不影响其正常销售的，顾客可无理由退换（食品、药品、化妆品、贴身用品、黄金珠宝、感光器材、烟、酒、口吹乐器、电池等商品不在退换之列）。

3. 无销售发票或其他相关购物凭证的，原则上不予退换货。

4. 因顾客使用、洗涤、保养不当而导致出现的问题，不属于产品本身质量问题的商品，不予退换货，但店铺工作人员可以帮助顾客修理或积极、诚恳地与顾客协商，寻求妥善的解决办法。

5. 凡在商品退换货过程中相互推诿、激化矛盾、影响店铺声誉，且无正当理由的售后服务人员，企业要追究当事者责任，并按企业有关规定予以处罚。

第十六条 顾客投诉处理。

1. 顾客投诉分类。

根据投诉对象的不同，将投诉分为下表所示的三种类型。

投诉类型

投诉对象	投诉意见
对商品的投诉	价格过高、商品质量差、标识不符、商品质量差、缺货等
对服务的投诉	店铺工作人员态度不佳、服务项目不足等
购物安全和环境的投诉	购物环境，如室内温度过高或过低、音响太吵、环境卫生状况差等安全方面，又如因店铺管理不当而给顾客带来的伤害或损失

2. 投诉处理步骤。

（1）受理顾客投诉。

（2）安抚顾客情绪。

（3）了解问题详情。

（4）提出解决办法。

在提出解决办法之前，售后服务人员可以先了解顾客的要求或想法，然后再提出自己的解决方案，以达到迅速对客户投诉的问题进行有效解决的目的。

（5）对顾客表示感谢。

投诉处理完毕后，售后服务人员还要对顾客表示感谢，这一步是维护客户的一个重要手段和技巧。

售后服务人员在这一环节要传递给顾客三个方面的内容：再次为给客户带来的不便表示歉意，感谢客户对于企业的信任和惠顾，是向客户表决心，让客户知道我们会努力改进工作。

（6）投诉处理反馈。

第十七条　消防安全制度。

1. 店铺实行逐级防火责任制，做到层层有专人负责。

2. 消防安全部门要制订紧急灭火计划，安排消防演习训练等工作。

3. 建立健全各项消防安全制度，包括门卫、巡逻、逐级防火检查，用火、用电，易燃、易爆物品安全管理，消防器材维护保养以及火灾事故报告、调查、处理等制度。

4. 店铺内要张贴各种消防标志，设置消防门、消防通道和报警系统。

5. 对新老员工普及消防知识，培训消防器材使用方法。

6. 店铺内所有区域，包括销售区域、仓库、办公区域全部禁止吸烟、动用明火，存放大量物资的场地、仓库，须设置明显的禁止烟火标志。

7. 店铺内消防器材、消防栓必须按消防管理部门指定的位置放置。

8. 禁止将任何东西堆放在安全门及安全通道前，以免阻塞通道。

9. 禁止私接电源插座、乱拉临时电线、私自拆修开关和更换灯管、灯泡、保险丝等。如需要，必须由工程人员、电工操作，所有临时电线都必须在现场有明确记录，并在限期内改装。

10. 营业及工作结束后，要关闭电源并检查确认。保证各种该关闭的开关处于关闭状态。

11. 员工有义务将任何安全事故上报。

12. 货架商品存放要与照明灯、整流器、射灯、装饰灯、火警报警器、消防喷淋头、监视头保持一定间隔（消防规定垂直距离不少于××厘米）。

第十八条　消防安全检查管理.

1. 除了店铺消防安全部门人员外，各部门还应配置消防义务员，每天进行防火检查，发现问题及时记录、上报。

2. 所有消防人员在每日的检查过程中要认真负责，检查中不留死角，确保不留发生火情的隐患。

3. 对火险隐患，做到及时发现，登记立案，抓紧整改；限期未整改者，进行相应处罚和上报负责人；对因客观原因不能及时整改的，应采取应急措施确保安全。

4. 检查消防重点区域和重点用电设备，执行定点、定人、定措施的制度，并根据需要设置自动报警灭火等新技术来加强店铺的预防、灭火功能。

5. 店铺每季度实行×次消防安全大检查，对检查所发现的问题责成有关部门限期解决。

6. 重大节假日前，由店铺经理组织、带领各部门主管及消防安全部工作人员对店铺安全进行全面检查。

第十九条　仓库消防安全管理。

1. 仓库主通道宽度不少于2米，通道保持通畅。

2. 消防喷淋头距离商品必须大于××厘米。

3. 库房中严禁使用明火，严禁吸烟。

4. 易燃、易爆商品必须严格按规定存放，不能与其他商品混放。

5. 仓库必须配备消防器材，消防器材附近不能存放商品与杂物，且需要保证消防器材的完好性。

3.21 店员礼仪管理制度描述

店员礼仪管理制度

第一条　为树立和保持企业良好的社会形象，进一步规范管理，特制定本制度。

第二条　员工在上班时间内，要注意仪容仪表，总体要求是得体、大方、整洁。

第三条　注意讲究个人卫生。

第四条　头发应修剪、梳理整齐，保持干净，禁止梳奇异发型。

第五条　男员工发不过耳，不准留胡子、剃光头，女员工留长发应以发带或发卡夹住。

第六条　女员工上班提倡化淡妆，各种饰物的佩戴应得当。

第七条　在销售工作中，销售人员要穿着适合自己身材的服装，要整洁、自然、大方。

第八条　销售人员的穿着应当符合自己年龄、职业和身份的特点。

第九条　员工上班时间必须佩戴胸卡，胸卡应佩戴在左胸前适当的位置上。

第十条　文明礼貌用语。

1. 您好，欢迎光临!

2. 您好，请问有什么吩咐?

3. 不好意思，让您久等了。

4. 对不起，我没听清，请重复一遍，好吗?

5. 请别客气，不用客气，很高兴为您服务，这是我应该做的。

6. 再见，请慢走，欢迎下次再来!

7. 遇到客人询问，做到有问必答，不能说“不”“不知道”“不会”“不管”“不明白”“不行”“不懂”等，不得以生硬、冷淡的态度待客。

第十一条　行为举止。

1. 面带微笑。

（1）微笑的要求是发自内心、真诚、自信、愉快。

（2）微笑的要领是微笑时，面部肌肉要放松，嘴角两端微微向上提起，唇部略呈弧形，不发声、不露齿地轻轻一笑。微笑时，目光应有神，眉头自然舒展，眉毛自然上扬。

2. 站姿。

（1）头正，颈直，两眼平视前方，表情自然明朗，收下颌、闭嘴。

（2）挺胸，双肩平，微向后张，使上体自然挺拔，上身肌肉微微放松。

（3）收腹，可以使胸部突起，也可以使臀部上抬，同时大腿肌肉会出现紧张感，这样会给人以“力度感”。

（4）收臀部，使臀部略微上翘。

（5）两臂自然下垂，男士手背在身后，或垂于体侧。

（6）两腿挺直，膝盖相碰，脚后跟略微分开，对男士来讲，双腿张开与肩宽。

（7）身体重心通过两腿中间、脚前端的位置上。

3. 坐姿。

（1）坐下之前应轻轻拉椅子，用右腿抵住椅背，轻轻用右手拉出，切忌发出大声响。

（2）坐下的动作不要太快或太慢、太重或太轻。太快显得有失教养，太慢则显得没有时间观念；太重给人粗鲁不雅的印象，太轻给人谨小慎微的感觉。应大方自然、不卑不亢轻轻落座。

（3）坐下后上半身应与桌子保持一个拳头左右的距离，坐满椅子的2/3，不要只坐一个边或深陷椅中。

（4）坐下后上身应保持直立，不要前倾或后仰，更不要耸肩、驼背、含胸等，给人以萎靡不振的印象。

（5）肩部放松，手自然下垂，交握在膝上，五指并拢，或一手放在沙发或椅子扶手上，另一只手放在膝上。

（6）两腿、膝并拢，一般不要跷腿，千万不要抖动；两脚踝内侧互相并拢，两足尖约距10厘米左右。

（7）坐着与人交谈时，双眼应平视对方，但时间不宜过长或过短；也可使用手势，但不可过多或过大。

4. 手势。

（1）初见新客户时，避免抓头发、玩饰物、掏鼻孔、剔牙齿、抬腕看表、高兴时拉袖子等粗鲁的手势动作。

（2）与客人交谈时应避免指手画脚，手势动作过多，幅度太大，次数过多。

（3）谈到别人时，不可用手指别人，更忌讳在背后对人指点等不礼貌的手势。

（4）为客人或他人指路时，五指自然并拢，手心向上。

5. 行走。

（1）走路时要节奏轻缓，在服务区内不能跑动。

（2）如遇客人，应侧身让客人先行。

（3）速度适中，不要过快或过慢，过快给人轻浮印象，过慢则显得没有时间观念，没有活力。

（4）头正颈直，两眼平视前方，面色爽朗。

（5）上身挺直，挺胸收腹。

（6）两臂收紧，自然前后摆动，前摆稍向里折约 35 度，后摆向后约 15 度。

（7）男性脚步应稳重、大方、有力。

（8）身体重心在脚掌前部，两腿走在一条直线上，脚尖偏离中心线约 10 度。

6. 在办公区内与同事相遇时应点头行礼表示致意。

第十二条　禁止事项。

1. 上班时间在服务区域内嚼口香糖或其他零食。

2. 与客人谈话时左顾右盼。

3. 摆弄衣角、头发等。

4. 脚不停地抖动。

5. 冷落顾客或与顾客争吵。

6. 上班时间扎堆聊天或做与工作无关的事情。

第十三条　电话接听礼仪。

1. 接电话时应在电话铃响三声内接听电话。接听电话应先说“您好，××××”。

2. 通话过程中请对方等待时应主动致歉：“对不起，请稍候。”

3. 如接到的电话不在自己的业务范围之内，应尽快转给相关业务人员接听，如无法联系应做好书面记录，及时转告。接到打错的电话应同样礼貌对待。

4. 邻座无人时，应主动接听电话。

5. 通话结束时，应待顾客、客户或者上级领导先挂断电话后，方可挂断。

3.22 经销商分类评级管理制度描述

经销商分类评级管理制度

第一条　为强化经销商导向为市场导向的战略定位，从经销商的角度考虑销售策略以及区域市场的布局，集中优势资源扶持重点经销商，并进一步强化过程管理，特制定本制度。

第二条　本制度包括所有已签订合同的经销商。

第三条　职责。

1. 销售部为本制度的归口部门。

2. 销售部经理负责本制度的审核及制度实施监控。

3. 大区经理为本制度的过程执行者，负责本制度的相关事项落实与跟进。

4. 销售内勤负责相关数据的统计整理与提报。

5. 企划部负责本制度的规划设计与相关终端宣传物料的支持和发放。

6. 生产调度科负责产品发货的调控。

7. 总经理负责本制度的审批。

第四条 经销商的分类。所有已签订合同的经销商，公司根据其相关软、硬件条件，分为A、B、C三类。

第五条 A类经销商条件。

1. 本公司品牌为经销商本年度首推品牌。

2. 店内、店头按本公司品牌要求陈列。

3. 与公司签订合同年度销售额200万元以上（特殊区域市场未达到200万元以上者申请特批）。

4. 良好的回款信誉。

5. 拥有自营终端网络占销售网络的30%以上。

第六条 A类经销商配合事项。

1. 公司新老产品需95%以上进货并95%以上陈列。

2. 店面陈列面积在25平方米以上。

3. 按公司要求及时提供市场信息和竞品信息。

4. 终端宣传物料利用率100%。

第七条 公司给予A类市场支持。

1. 优先发货。

2. 广告投入2%~4%。

3. 促销力度加大。

4. 终端宣传物料优先投放。

5. 协助经销商网络开拓与管理维护。

6. 为经销商提供培训支持。

第八条 区域经理支持A类经销商事项及工作要求。

1. 建立A类经销商网络图，根据区域网络动态及时更新网络图（覆盖三级市场）。

2. 协助经销商开发二级市场。

3. 协助经销商开发重点商超并参与终端管理。

4. 区域经理每月需 10 ~ 15 天协助经销商工作。

5. 区域经理要每周以书面形式向公司提供一次 A 类经销商的市场动向及网络维护与推广建议。

6. 营销主管需随时保证与 A 类经销商进行沟通（每周至少一次），及时处理反馈意见。

第九条 B 类经销商条件。

1. 本公司品牌为经销商本年度主推品牌。

2. 店内、店头按本公司品牌要求陈列。

3. 需与公司签订 100 万元以上合同。

4. 良好的回款信誉。

5. 拥有自营终端网络占销售网络的 25% 以上。

第十条 B 类经销商需配合事项。

1. 公司新老产品需 90% 以上进货并 90% 以上陈列。

2. 店面陈列面积在 20 平方米以上。

3. 按公司要求及时提供市场信息和竞品信息。

4. 终端宣传物料利用率 100%。

第十一条 公司给予 B 类市场支持。

1. 正常发货。

2. 广告投入 2%。

3. 正常促销支持。

4. 终端宣传物料的正常投放。

5. 协助经销商网络开拓与管理维护。

6. 为经销商提供培训支持。

第十二条 区域经理支持 B 类经销商事项及工作要求。

1. 建立 B 类经销商网络图，根据区域网络动态及时更新网络图（覆盖二级市场）。

2. 协助经销商开发部分重点二级市场。

3. 协助经销商开发重点商超并参与终端管理。

4. 区域经理每月需5～10天协助经销商工作。

5. 区域经理要每10天以书面形式向公司提供一次B类经销商市场动向及网络维护与推广建议。

6. 营销主管需随时保证与B类经销商进行沟通（每10天至少一次），及时处理反馈意见。

第十三条　公司给予C类市场支持。

1. 正常发货，货紧时延后发放。

2. 广告投入暂无，特殊地区经申请后不超过1%。

3. 参加促销计划，促销品紧张时减发或不发。

4. 部分终端宣传物料投放，宣传物料紧张时减发或不发。

5. 为经销商提供培训支持。

第十四条　区域经理支持C类经销商事项及工作要求。

1. 区域经理每季度拜访经销商1～2天，并协助经销商工作。

2. 区域经理每10天和C类经销商电话沟通两次以上，并向公司提供一次C类经销商市场动向及网络维护与推广建议。

3. 营销主管需随时保证与C类经销商进行沟通（每15天至少一次），及时处理反馈意见。

3.23 公司（广告业）产品销售管理制度描述

公司（广告业）产品销售管理制度

第一条　本规则是规定本公司业务处理方针及处理基准，其目的在于使业务得以圆满进行。

第二条　营业计划。

1. 每年择期举行不定期的业务会议并就目前的国际形势、产业界趋势、同行业市场情况、公司内部状况等情况来检查并修正目前的营业方针，方针确定后传达给所有相关人员。其内容包括：

（1）制品种类项目。

（2）价位。

（3）选择决定接受订货的公司。

（4）交货日期及付款日期。

（5）契约款项。

2. 有关未来的产品应按下列要项作为评核：

（1）所生产销售之产品必须是具有技术和成本上的优势及不为竞争者所能击败的特色。

（2）竞争者新产品的制造方式设备等应取得专利权。

（3）产品种类及项目应视行情的好坏、订货的繁易等条件按下列各项进行评核：

①停止多种类少数量的营业方针并以尽量减少种类增加单位数量为原则；

②以接受订货为主订货量需加上确实标准品的预估生产销售量；

③所接受的订货数量很多时除应自行生产外并应注意其他商品销路。

（4）商品价格的定位须区分为目前获利者与未来获利者，并考虑较容易让人接受的价位来决定产品的种类。

（5）在选择决定往来的订货公司时须以下列为重点方针：

①从未来的贸易特别需要或重要的产业着手；

②推展机关及地方公共机构的开拓。

（6）交货及付款日期则须恪守下列各项方针：

①到期必须确实交货；

②收到订单时须要求正确的交货日期并且规定有计划性的生产。

（7）在订立契约时要尽可能使契约款项能长期持续下去。

第三条　营业内容可分为内务与外务两种并依此决定各相关的负责

人员。

1. 内务：

（1）负责预估接受订货及制作呈办相关的文案处理。

（2）记录计算销售额及收入款项。

（3）处理收入款项。

（4）统计及制作营业日报。

（5）制作及寄送收款通知书。

（6）印制寄送收据。

（7）发货包装及监督。

（8）与客户进行电话及其他相关联络。

（9）收集整理产品及市场调查的相关资料。

（10）制作收发文书。

（11）进行广告宣传及制作发布广告媒体。

（12）计算招待出差事务管理及旅行费用。

（13）接待方面的事务。

2. 外务：

（1）探寻及决定下批订单的公司。

（2）对下批订单后的状况进行调查探究及掌握。

（3）与客户做估价接受订货及延揽交易。

（4）接受订货后负责检查交货的各项联络协调与通知。

（5）回复客户的通知及询问。

（6）做有关产品进厂及检查的联络。

（7）开拓介绍客户。

（8）客户的访问接待及交际。

（9）同业间的动向调查。

（10）新产品的研究调查。

（11）制作客户的问候函。

（12）请款、收款业务。

3. 外务工作通常会依据客户或商品分别由正副二人负责工作，正负责人不在时可由副负责人或其他相关人员代为执行职务。

4. 关于营业方面的开拓及接受订货则由所有负责管理者及经理负责支援及进行接受订货的联络指导。

第四条　接受订货及运筹计划。

1. 对于客户的资料应随时加以适当分类、记录下来。相关者或资料取得者也应随时记入所得的资料。

（1）把资料分为对交易有重要性者及不重要者，并记入下列各评核事项，组织结构负责人员电话、场所资产负债信用业界的地位交易情况、付款情况、交易系统营业情况、使用场合交货情况态度等。

（2）除了以上的记录之外还须将报纸杂志剪贴下来分类整理。

2. 调查各产业或各地区各家公司的经营状况，并以此来掌握有利的公司事业机构等，制定有效的推销政策并对此展开宣传工作，以利于开拓交易的进展。

3. 每月应针对预估及实际的接受订货量制成记录表并随时与制造部门保持联系。

（1）客户下个月预定订货量及本月份的实绩。

（2）各品项各工作的预订量及本月实绩。

（3）交货请款及收款的预定额及本月实绩。

4. 为使生产及所接受的订货能够容易估算生产及库存，一定要先预估出固定的数量在接受订货的同时也能做好交货。

5. 如果客户表示热忱并有意举行业务联谊会，公司可借此机会收集情报并借此斡旋开拓交易。

6. 必要时可设营业开发部门，以此支援交易的斡旋及开拓。

第五条　交易原则。

1. 进行交易时，若有必要须在交货后不定期地访问客户负责人员，以利听取他们对产品使用状况意见，或可利用书信代询。

2. 交货日期原则上由营业部向工务科洽询后决定，或由生产销售检查会议做出决定后通知订货的对方。

3. 交易应设法与对方订立长期或持续性契约，价格方面则另由其他条项规定。

4. 所交出的货品应务求完整完美。

第六条　预估、接受订货、开拓。

1. 预估成本是依据制造部门所预估的成本并经由常务董事会议裁决决定后提出给客户，如果产品与过去相同或曾提出估价单，也须就交货日期及其他修正事项取得厂长的认可。

2. 在进行预估时通常需准备下列各项资料：

（1）单价表；（2）工时表；（3）成本计算表；（4）一般行情价格表。

3. 在进行预估时须取得对方的设计明细及检查规格书后做正确的估计。

4. 在提出预估时必须叮嘱对方在工程及交货方面做好彻底的准备及联络，以确保日期的正确无误，必要时可召开生产销售会议记下工程的有关备忘录。

3.24 公司批发业产品销售管理制度描述

公司批发业产品销售管理制度

第一条　当接受的订货已确定，必须将客户的订单及公司内的生产委托做成四份，一份当作副本备用，其他三份各自交给工务科、常务董事、经管财会部，内容包括品名数量单价所需日程、交货日期、交货地点、包装及运送方法等。

第二条　营业部已确定所有的订货时应将接受订货的要项记入订货单

里，记录项目包括生产委托进行检查交货及其他经过等。

第三条 营业部将生产委托单交给工厂部门时应要求工厂也做好生产工程的工作准备表并提交一份给营业部。

第四条 采购科应针对生产委托单及库存表进行检查，并与采购的厂商进行交涉，做好材料进厂的预定表交给工务科及销售部门。

第五条 采购科应随时调查原料及材料的进厂情况，并依照材料分类制作各种材料采购进厂的标准需要日数表后交给工务科及销售部门参考。

第六条 对于交易上的通知应在一日内迅速发文回复。

第七条 交易上的回复书信等原则上应以印刷或誊写为主，内记各项要项寄送给交易客户。

第八条 已决定接受订货的交易资料应依照客户分类记入编号整理，为已交货及未交货之类。

第九条 对于已接受订单的工程工务科应做好相关的生产日报，使工程的进行程序得以明确，并应于适当的机会通知给发出订单的客户知道。

第十条 当生产接近完成时应与工务科协议，选择指定交货日前的适当时日通知交货对象，如交货有迟延之虑时也应事先通知对方求得其谅解。

第十一条 在进行产品的检查时应将结果做成测试成绩表等相关资料。

第十二条 产品的发送是依据出货传票来进行的，另外每次发送货品时应将其要项记入发送登记簿中。

第十三条 在缴交预先产品时应将交货单的副本交给会计科，会计科再将这些资料记入销售账中。

第十四条 如已经从客户处收取订金或预付金时，应将此内容也记入销售账中。

第十五条 财会部门于每月的二十五日依据销售账的资料算出每位客户的未付款项明细表，包括前月余额、本月销售额、应收账款，送交营业经理。

第十六条　营业经理可命令各负责人员在应付款项明细表的收款栏中记入预付金，经过调整后，再决定营业部的收款预定额然后呈报常务董事签核。

第十七条　常务董事应先查阅营业部所呈的收款预定表，如有必要征求经管经理的意见则由营业经理做说明后裁定收款的预定计划。

第十八条　收款业务原则上是由营业部门负责但有时也可委托经管财会部门的人员去进行。

第十九条　有关款项的催收是由销售科负责督促销售科必须把相关资料记入收款预定表中。

第二十条　对于客户管理则应依其分类决定例行月份的拜访及预定次数，另外在开拓新客户方面应设定每月的开拓预定数进行有计划的业务拓展活动。

第二十一条　在接获订单时，要特别留意这些方面的首要、次要等，工作尽快设法交涉联系使业务能迅速运作。

第二十二条　对于旧客户及新客户的订货及估价须迅速秘密地探听清楚，尽早做好交涉工作，同时需持之以恒地做彻底调查与事前的准备工作。

第二十三条　对于同业者的预估内容及出货实绩须经常探究调查，借此总结自己在接受订货方面的难易。另外也可依此发觉自己在预估上的疏漏原因，借此修正生产技术及营业方面的缺陷。

第二十四条　营业部门应就下列各方面的情况进行广泛的调查，使各项销售活动的资料完备并将资料交给相关人员回览。

（1）经济杂志及其调查。

（2）经济日报的剪贴整理。

（3）工程新闻的记录等。

第二十五条　对于旧客户及预定客户方面的资料，则应建立客户资料卡记录下列所规定事项，并随时注意修正其内容：

（1）资产负债及损益。

（2）产品的种类项目人员设备能力。

（3）销售情况需求者的情况。

（4）付款实绩信用状况过去的。

（5）客户与交易情况。

（6）电话往来银行代表者负责人员。

（7）公司内部下单手续的过程。

（8）付款的手续过程。

（9）行业的景气状况。

（10）组织薪资人员。

第二十六条　经常与旧客户保持密切的联系，探寻订货情况及其公司的需求并设法延揽交易。关于以上各项，可于必要时召开研究会或联谊会以促其成。

第二十七条　在与对方进行交易磋商时，如需一起用餐提供茶点、香烟时应适时提供。尤其是外出餐厅的用餐预算应取得常务董事的认可。

第二十八条　交易成立时如需提供谢礼或礼金给斡旋者或相关人员时，应事先取得常务董事的认可。

第二十九条　在拓展重要工种交易时应与相关人员相互协议对策制订方针计划，同时需邀请相关人员检查其过程以确立对策。

第三十条　在拓展交易时可经由旧客户之手来进行，即委托旧客户从中斡旋，根据过去彼此之间的交易设法开拓目前尚未成立的新交易。

第三十一条　在进行估价时应尽快调查情况与事前交涉，有恒心且周密地研究出估价方法，以利进行双向磋商。

第三十二条　在做广告时可利用下列各种方法：

（1）营业介绍；（2）目录；（3）报纸与杂志的广告；（4）产品照片；（5）广告卡；（6）问候卡（包括贺年卡）；（7）在报纸杂志上刊登

的要闻。

第三十三条　在实施前项所列广告时应于各年度终了前制订明年的计划来执行，但营业介绍目录及产品照片则应随时视情况制作。

第三十四条　营业介绍的内容包括公司的机构设备能力，技术信用生产额，营业产品的种类等。

第三十五条　较精密的目录寄发给大公司批发商代理店，较简单的目录则寄发给交易较多的客户或潜在的客户，如果有交易意愿者希望能够得到目录时除了目录之外应另附公司的计划介绍寄送给对方。

第三十六条　如利用新闻杂志媒体者可将广告刊登于各大报纸或相关业界的杂志。

第三十七条　广告信函或问候卡要事先以标准文体印刷好随时或有计划性地送寄给潜在客户或以往的客户。

第三十八条　对于有必要对外广泛宣传的特殊产品或工程应与经济新闻业界杂志等记者联络，将之刊登于世，至于谢礼则另做考虑。

第三十九条　营业书信资料通常包括下列六项：

（1）书信、电报（发文、订单）；（2）估价单、订购单、请购单、规格明细单；（3）交货单；（4）清款单；（5）收据备；（6）忘记录。

第四十条　交易上的发文资料原则上都须复印并制成副本保存，另外发文资料上应盖契印或负责人的印章。

第四十一条　所有的书信资料都应编列收受号码并记入受信簿中，盖上收受日期印章。

第四十二条　处理中的文件应依照下列方式加以分类、归档：

（1）估价文件资料将交易客户与自己公司方面的估价资料依照发生的顺序归类或存档。

（2）订购资料依照顺序将契约书请购单归档。

（3）有档资料。

第四十三条　参考方面的资料可按下列分类方式加以整理：

（1）市场资料；（2）成本计算；（3）同业的目录；（4）交易资料。

第四十四条　营业部必须将每日的活动及业务处理状况记入日报表经由科长经理向总经理提出。

第四十五条　销售科应根据每月及上个月的订单量转拨余额，本月接受订货的总额，本月的交货额、生产额、未收款项、余额，各项接受订货的产品内容等制作成月报表并经由经理审核后转呈报告给总经理。

第四十六条　每月或每月初营业部与工厂方面应召集经理、厂长、科长及其他负责人员举行生产销售联络会议。

3.25 直销商管理制度描述

直销商管理制度

第一条　本制度规定了所有独立经营业务的直销商的权利、义务及责任。虽然本制度为企业与直销商之间的关系而拟定，但也适用于各直销商之间的关系。本制度更为促进直销商之间的和谐，并保障直销计划下所有直销商的利益而制定。

第二条　申请人必须填写直销商申请书。申请从事本工作者，不分性别、种族、国籍、政治及宗教信仰，机会均等。

第三条　欲申请为直销商，必须由已经授权为直销商者推荐，推荐人须向企业提供申请人的完整并具时效性的创业资料。

1. 创业资料中的申请表格必须填写完备，并直接交予本企业。

2. 任何直销或新直销商，均需具备以下条件才能加入：

（1）购买特定金额的产品。

（2）维持事实上最低数量的库存。

3. 企业保留申请核准权：

（1）接受申请，其通知将以书面形式寄给申请者及推荐人。

（2）不接受申请，其通知将以书面形式寄给申请者及推荐人。

4. 直销权时限以年为单位或至该年度为止。

5. 续约直销商须填写《续约申请书》并缴纳续约申请费。

6. 前直销商亦可重新申请为新直销商。

第四条　直销商权限可授予个人、企业或合伙关系。

1. 夫妻只能拥有一个直销权。

2. 企业可申请成为直销商，只需符合企业所发正式文件中的规定。

3. 若成为合伙关系，则直销商权将仅以个别合伙人名义取得。

4. 申请为直销商者其年龄须满 18 岁，且直销商必须满 20 岁或已结婚，方可推荐其他人为直销商。

5. 企业对本制度的修正由月刊发布或用其他方式通知直销商。

第五条　直销商必须向企业申请，或经推荐人才能以直销商价格购得所有产品或业务辅助品。

第六条　直销商每月所购产品必须销售 70% 以上，才能享受以下权利：

1. 接受以当月所购产品计算的效益奖金；

2. 有资格成为银奖直销商。

不符合此规定者，则仅能以其售出并送迄的产品数额部分，计算其效益奖金。

第七条　直销商不得对任何人表现有购货的义务，也不得明示或暗示直销计划中所提及的收益之外，尚有任何其他利益。

第八条　直销商不得表示其在直销计划下，有任何独占销售区域或特许权。

第九条　直销商不得在任何零售场所，如商店、摊位、市场销售或展示产品。直销商不得在知情的状况下将产品或业务辅助品给予任何人在零售场所转售图利。

第十条　出售产品时，直销商必须交给顾客送货单。其中应载明产品名称、产品数量和直销商姓名、地址、电话。

第十一条 直销商不得提供不实的价目、品质、等级、效能及有否存货情况，以达到出售产品的目的。

第十二条 示范产品时，直销商必须解释产品标签所载用法及注意事项。

第十三条 顾客对所购买的产品品质不满意时，直销商应提供顾客下列选择：

1. 购物钱款全数退还；

2. 调换相同产品；

3. 按原购价格折算，换取其他产品。

第十四条 直销商不得从事任何政府规定为非法的交易行为。

第十五条 直销商不得参与任何政府禁止的商业团体或活动。

第十六条 直销商不得宣称自己和企业或任何其他与本企业机构有雇佣关系，或为其商业代理人、佣金代理商、业务代理商、委托商或经理人。

第十七条 直销商可销售除本企业产品、业务辅助品之外的商品或服务，但不得售予非本人推荐的直销商，也不得要求非本人推荐的直销商销售该类产品或服务。

第十八条 直销商有权推荐他人成为直销商，须做到以下两点：

1. 负责训练和鼓励其所推荐的直销商；

2. 储存适当产品或业务辅助品以便供应其下手直销商的正常需要。

第十九条 推荐人不能履行其义务时，可委托其直系直销商代理。若未担负责任，则该推荐人资格将终止，其所推荐的直销商将归于其直接上手的直销商。

第二十条 欲获取销售给下手直销商产品的效益奖金资格，推荐人本身每月必须销售产品给十位不同的顾客。

1. 若该推荐人不能提出适当证明其曾售货予十位不同顾客，其上手直销商将保留推荐人的小组效益奖金，但其仍可获得本人零售部分的效益奖金。直销商必须确保奖金发放给该推荐人的下手直销商。

2. 若推荐人一直不能履行此制度，将失去其所有的推荐权。

第二十一条　成为直系直销商的资格。

1. 符合的效益标准。

（1）个人小组连续3个月达到每月25万积分额。

（2）个人小组连续3个月达到每月10万积分额，及其推荐的直销商中拥有一个获得效益奖金的小组。

（3）连续3个月推荐2个月或2个以上获得效益奖金的小组。

（4）连续3个月具备上述三项中的任何一项者。

2. 达到法定成年年龄。

若在其法定成年年龄前符合直系直销商资格，将仅能领取属于直销商的少部分分红。

第二十二条　直系直销商必须做到的事项。

1. 维持适当存货资料，以提供某个人小组直销商或授权其小组直销商向企业直接订货。

2. 维持固定营业时间，以便个人小组中的直销商订购或运送产品。

3. 迅速而正确地将企业所发的效益奖金给予其下手直销商，并确保其推荐网体系的所有下手直销商，于当月底确实领到其应得的效益奖金。

4. 举办定期性的会议以训练、激励直销商。若其下手直销商散居各地，则应亲自到各地区举行会议，或训练当地直销商自行举办。对不能参加的直销商，应利用信件和电话予以训练及激励。

5. 与该小组直销商经常维持信件往来，通告会议时间、地点、产品消息、零售训练或其他有关事项。

6. 对小组中直销商举办的促销活动，提供建议与协助。

7. 确保所有下手直销商均遵守企业所定的相关制度。

8. 确保其个人小组营业守则的推行。

第二十三条 直销权的转移。

1. 直销商若欲改换推荐人，应填写申请书及同意书各一份，递交企业。该同意书须由整个推荐网体系的直销商包括直系直销商签署。

2. 整组的转移是不允许的，若转移的直销商本身亦为推荐人，则其所推荐的直销商将转由原推荐网体系的直接上手直销商推荐。

3. 自愿放弃直销者，可以书面通知本企业。

第二十四条 直销商不得蓄意合并，除非由于未续约终止、放弃、因死亡而无继承人等非当事人所能控制的情况下得以合并外，均须取得本企业的同意。

第二十五条 直销商不得以下列名义介绍本企业的直销计划：

1. 给人以受雇佣的印象；

2. 听起来像是社交活动；

3. 假装做市场调查；

4. 开座谈会；

5. 非业务性集会。

第二十六条 在介绍直销计划中，直销商应遵循的介绍方法有：

1. 不得表示直销商仅仅推荐他人为直销商；

2. 必须强调直销计划包括销售产品及推荐直销商；

3. 不得宣称税捐利益为成为直销商的主要理由；

4. 不得宣称直销商仅用少许努力及时间即可成功；

5. 不得称有固定收入和奖金的保证；

6. 不得以任何形式表示过去、现在或未来直销商都能获得利润；

7. 可以用假设的收入数字举例，但必须说明其收入为假想值；

8. 必须使用企业出版文书中记载的奖金数额，或者直销商确知无误的数字；

9. 可以举出成功的事例。

第二十七条 所有企业产品商标及服务标志均以企业注册，未经许可不得擅用。本制度规定未授予直销商任何使用企业商标的权力，仅说明在下列事项中，不牵涉商标授权时对商标的使用。

1. 宣传物品。

2. 商用车辆。

3. 支票账户。

4. 直销商办公室。

5. 电话号码簿。

6. 私人制作的业务辅助品。

第二十八条　直销商在其业务上要求授权使用企业名称时，须向企业提出书面申请，此项授权以一年为限，期满即自动失效，如欲继续则须重新申请。

第二十九条　除经由企业外，直销商不得通过其他途径，购进任何印有企业名称、字样、图案的产品。

第三十条　直销商在未经企业书面同意前，不得在其商业车辆上标识企业名称。

第三十一条　唯一授权使用企业名称的事物为直销商使用的支票。

第三十二条　直销商不得使用企业名称于任何广告、传播媒体中。

第三十三条　取得企业同意后，直系直销商可于办公室外标识企业字样。

第三十四条　直系直销商权在取得企业同意后，方可在电话簿中以企业名义列名。

第三十五条　直销商使用正式企业文件只能作为处理有关企业直销业务之用。

第三十六条　直销商可设计并使用他们自己的业务辅助品，来训练或鼓励其推荐的直销商。

1. 此类辅助品，不得包含直销商本人对其作为直销商后可能收入或未来经济效益的预测；不得提示、描述或说明直销计划；不得描述任何产品的用法、特性或功效，或者使用任何公司标准字体、注册名称或注册商标等。

2. 作为直销商，经济效益的讨论，其本人因从事直销商业务而赚取的个人所得，业务经营及鼓励性谈话，均可作为话题。

3. 直销商个人制作的业务辅助品，仅可销售或给予个人推荐的直销商。

4. 此类辅助品必须注明录制或出版日期。

5. 若是销售品，则必须无条件原价奉还书面保证。保证中应说明卖方在买方的要求下，必须收回货物并予以退款。

第三十七条　任何时候，若直销商自己印刷的文书，经企业认为有害于企业、违反法律、导致业务损失或破坏企业名誉，企业有权对该文书的作用、出版者提出赔偿，并应立即终止该直销商的资格。

第三十八条　直销商编号。每一位直销商均有一个编号，以便互相联络、存档及订货时使用。

第三十九条　向推荐人或直系直销商订货。

1. 多层式直销产品的分配系统乃是由推荐人、直销商、直系直销商或仓库配发产品。

2. 可用下列步骤向推荐人或直系直销商取货。填写向推荐人购货订单（三联式），连同货款交予推荐人或直系直销商，然后依照指定的时间、地点去提货。

第四十条　向企业及仓库直接订货。直销商填写直销购货订单（三联式），将其表单与货款寄至企业，企业于收到货款后，出货或直接将购货订单填好，带着货款至仓库自行提货。

第四十一条　电话订货。打电话至企业，将所需要的产品告知企业。如将货款以电汇方式汇至指定银行，企业即可发货，如此可以争取时间，约两日内直销商即可收到所订的货。

第四十二条　顾客欲退货处理。

1. 顾客可向售货的直销商退还货物，免费更换全新的同类产品、其他等值的产品或原价奉还。

2. 请勿与顾客发生争论，先把钱退还给顾客，或更换其他产品，并须询问顾客对产品不满意的原因，把不满意的原因记录于送货单上。

3. 如果客户要求的是退还款项，直销商必须向顾客取回送货单。送货单须连同退货申请书一并退回企业。

第四十三条　次品及退货的处理。

1. 有关次品的处理。将次品及原先购买该次品的发票、送货凭单复印本附上说明书，寄或送到企业以更换相同产品。

2. 有关顾客退货的处理。将顾客的退货附上购买该产品的发票、送货凭单，送货单上须注明顾客不满意的原因，填妥退货申请书，以便处理。

第四十四条　本制度由市场营销部制定，经总经理批准后执行。

3.26 经销商管理制度描述

经销商管理制度

第一条　本制度规定本企业与经销商之间的有关交易事项。

第二条　本制度由市场营销部制定，总经理审核后执行。

第三条　经销商的经销区域。

1. 经销商可销售的区域，依合同预定来执行。

2. 经销商如要在指定以外的区域进行经销活动，应事前与本企业联络，取得认可后才可进行经销活动。

3. 一般情况下，本企业必须对此经销商做深入的调查与研究方可授权。

第四条　经销商经营的产品要求。经销商所经营的产品必须是由本企业生产、附有××商标的产品。

第五条 销售责任额要求。此项依合同约定执行。

第六条 销售价格。

1. 经销商销售的产品价格必须依照本企业的规定来进行。

2. 特殊情况时，须经双方协议，经本企业的认可后方可实施。

第七条 交易保证金。依合同约定执行。

第八条 企业的交货方式与运费。

1. 本企业以企业工厂为给经销商交货的地点。

2. 如代理商另有请求可送货至其指定地点，则产品的装箱费、运费由经销商负担。

3. 运送途中如发生事故，其费用负担由企业与经销商双方协商后决定。

第九条 退货。当货品与经销商的订购内容不同，或产品不合格，责任明显为企业所有时，才能接受退货条件。

第十条 暂停出货。经销商如未能履行按时付款的义务，或有违约情况发生，企业将暂停给其发货以便观察。

第十一条 奖励对象为按照合同约定及时付款的企业品牌所属经销商。

第十二条 经销商付款奖励宗旨。

1. 激励经销商推行分期付款销售业务。

2. 全面拓展企业产品的销售渠道。

3. 力争使未能以现金购买的客户，以分期付款的方式购买。

4. 吸引欲对其他品牌分期购买的顾客。

第十三条 经销商必须严守与企业有关的交易机密，不得泄露给第三方。

3.27 代理商管理制度描述

代理商管理制度

第一条　本制度规定本企业与代理商之间的有关交易事项。

第二条　代理商的销售区域。

1. 代理商可销售的区域，依协议来决定。

2. 代理商如欲在指定以外的区域进行买卖活动，应事前与企业联络，取得其认可。

3. 在某种情况下，企业必须估计此代理商与其他代理商的竞争情况，对此做深入的调查与研究，确定无显著影响后方才认可。

第三条　经营产品。代理商所经营的产品必须是由本公司生产、附有××商标的产品。

第四条　销售责任额。

1. 代理商的每月销售责任额为××万元以上，但此责任额必须是第三条规定的产品的总额。

2. 代理商需于每月25日之前，向企业提出下个月的销售预定额。

第五条　经销处的设置。代理商可在自己的责任范围设置经销处及代办处等，但设置之前须与企业联络，取得其认可方能实施。

第六条　销售价格。

1. 本企业批发给代理商的产品价格与代理商卖给顾客的价格，必须依照另外规定的价格表来进行。

2. 前项的价格如发生变更，前者须经双方协议，后者须经企业的认可后方可实施。

第七条　交易保证金。代理商须根据交易额，事前缴付××万元给本企业，作为交易保证金。

第八条 相关资料的提出。代理商需提供必要的资料（如客户名录、预计客户名录、销售计划等）给企业。

第九条 企业的交货方式与运费。

1. 本企业以企业工厂为给代理商交货的地点，如代理商另有请求，可送货至其指定地点。

2. 关于前项，如另有声明，则产品的装箱费、运费由代理商负担。运送途中如发生事故，其费用负担由企业与代理商双方协商后决定。

第十条 退货。只有当货品与代理商的订购内容不同或是产品质量不合格，企业才接受代理商的退货。

第十一条 付款条件。货款的缴付以每月 20 日为期限，上月 21 日至本月 20 日货款应于下月 10 日缴齐。

前项付款从付款日算起，以 90 日内到期的汇兑支票为主。

第十二条 暂停出货。代理商如未能履行前项付款义务，或有违约情况发生，企业将暂停给其发货以便观察。

第十三条 对代理商的支持措施。为促进代理商的销售绩效与本企业各代理商之间的互助关系，本制度特别制定各种奖励及支持措施（略）。

第十四条 交易奖励措施。

1. 销售额增进的奖金。代理商三个月的平均进货额如超过去年同期三个月平均额的三成以上，可享受下列回扣优待。

（1）超过三成者：3%。

（2）超过四成者：4%。

（3）超过五成者：5%。

（4）超过六成者：7%。

以上计算是以三个月为单位，即“1~3 月”“4~6 月”“7~9 月”“10~12 月”。

2. 前项奖金的计算及回扣是以该期的最后一月为计算基准月。

第十五条 代理商的优惠条件。代理商加盟另外成立的代理商协会，将可享受代理商的经营及技术指导、产品知识的指导、配发宣传用品和竞争对手的经营资料及其他各种特惠条件。

第十六条　同种产品的仿造限制。代理商未经企业同意，不得擅自制造第三条中的产品或与其类似的产品，亦不得与其他竞争对手订立契约，进行买卖。

第十七条　订货管理。

1. 订货日期。代理商应该在每月五日以前预报下月可能订货，以便企业及时备货。预订属估算性质，仅做参考，实际执行按代理商正式订单为准。

2. 订货申请单。预订货品应填写订货申请单，经总经理签字并加盖公章后，传真给大区经理；同时按订货总价的10%支付定金，如定金未付至企业，则订单无效。

3. 款到发货。代理商应在企业确认的发货日期之前将全部货款付至企业指定账户，款到后两个工作日内发货；因货款未到导致的发货延误企业不负责任。

4. 订货汇总。渠道经理负责与所辖地区代理商确认订货，履行程序并汇总报告企业。

第十八条　付款管理。

1. 全额汇款。企业坚持款到发货的原则，代理商为保证及时供货，应在确定供货时间之前，将应付货款全部汇至企业指定账户。

2. 汇款方式为银行汇票（自带或特快专递至企业财务部）或电汇。

3. 委托付款。如果代理商委托其他单位付款，代理商应在汇款底单传真上注明。

第十九条　发货管理。

1. 发货申请。渠道经理根据代理商汇款情况，按代理商要求填写发货申请单，经财务部确认收款安排发货。

2. 提货单据。发货后将提货单据用特快专递寄给代理商。

3. 调整供货。因特殊情况需要调整供货日期时，由渠道经理提前通知代理商，并与代理商协调供货办法和时间。

4. 取消订货。代理商逾期30天不能汇款，则取消代理商此次订货，定金不退。

第二十条 运输管理。

1. 发货收货。代理商在订货申请单上注明发货方式和收货地址，发货前由企业进行确认。

2. 快件运输。企业一般采用公路和铁路快件运输，运费全部由代理商负担。

3. 其他运输方式。如果代理商要求其他运输方式，运费全部由代理商负担。

4. 到站。到站后的提货费用及运输责任由代理商负担。

5. 货物损失。到站前运输中如发生货物损失，代理商应在提货三日内向渠道经理提出并提供相关证明，渠道经理核实后报营销总监批准补发相应货物，并负责在代理商协助下处理索赔事务；逾期提出，渠道经理不予受理，损失由代理商负担。

第二十一条 保密规定。代理商必须严守与企业有关的交易机密，不得泄露给第三方。

第二十二条 违反规章的处置方法。代理商如违反本制度的规定，企业可随时解除部分或全部的契约。

第二十三条 禁止代理商彼此之间的竞争。

1. 代理商须在指定区域内，以规定售价进行销售活动，禁止向其他区域扩张，以免引起代理商彼此之间无谓的竞争，但如经企业指示时则不在此限制之内。

2. 若因前项行为或类似行为，引起代理商之间的竞争，企业将站在公平的立场上调停解决。

第二十四条 指定法律机构。当发生相关纷争时，由企业所在地的指定法律机构裁决。

3.28 连锁加盟店管理制度描述

连锁加盟店管理制度

第一条　本规章规定××连锁加盟店组织对连锁加盟店本部（以下称本部）的权利义务、连锁加盟店的营运制度、经营管理制度描述与权利义务等。

第二条　组织。

1. 为有效管理连锁加盟店，可在××企业内设置“××连锁加盟店本部”，并设各种委员会，以促进业务的发展。

2. 本部为“××”商号、商标的所有者，主持制定连锁加盟店的运营方式、规章制度，以管理全体连锁加盟店。

3. 连锁加盟店为店铺所有者，在一个商圈内，有独占或优先的营业权利，但须在所定的整体经营体制和店铺形态下，遵从本制度，并负有诚实经营的义务。

4. 为了保证连锁加盟店的正常运营，在本部设置运营委员会，由本部从连锁加盟者中指定委员构成，并遵从另定的委员会运营规则。

第三条　连锁加盟店的加入资格。

1. 与已经加盟的会员的竞争关系。以在××米以上的相隔距离（或是人口每×万人设一店铺）为原则，至于有无竞争关系则由本部认定。

2. 要具备一定的店铺规模。销售场所面积及售货金额的最低标准为：面积××平方米以上；每月营业额××万元以上。

3. 不得加入与本部有实质竞争关系的其他连锁加盟组织。

4. 连锁加盟店必须专人经营。

5. 要诚实经营并接受本部的经营指导和援助。

6. 对于本制度要全面赞同，并参加本部为连锁加盟店所举办的各种活动。

7. 经常提出合理化建议，并且要主动、积极地为合理化经营努力。

第四条 连锁加盟店责任。

连锁加盟店应向本部缴纳加盟金××万元，此项加盟金不予退还。

第五条 连锁加盟店的基本权利。

1. 使用“××"的商号、商标经营店铺。

2. 使用“××”的商标做广告宣传活动。

3. 经销本部自己开发的产品。

4. 实行内外包装的统一，并利用共同的管理方式。

5. 接受本部的经营技术指导，并按本部的指导要领营业。

6. 接受本部挑选的统一产品及物品，并使用统一的订货手册。

7. 参加本部统一举办的宣传广告、促进销售活动及其他活动。

8. 接受本部有关店铺的设置、改装等专门技术指导。

9. 参加本部计划之中的业务。

10. 接受本部对于经营计划的制定及指导。

11. 接受本部提供的必要信息。

第六条 企业体系。

1. 企业名称：××连锁体系（机构）或××名店连锁（加盟店自称）。

2. 企业、品牌标志（识别图形）。

3. 企业商标。

4. 企业品牌标准字（中、英文）。

5. 企业标准色。

6. 企业造型、象征图案。

7. 名片、信纸信封（包装物）。

8. 企业及商标的组合（直、横）。

9. 证章（会员店正式凭证）。

第七条　广告体系。

1. 宣传口号，企业信条。

2. 标准店招牌（直、横）含证章牌。

3. 标准店外观（颜色、格局）。

4. 标准店内饰（装潢、陈列、设备）。

5. 统一制服。

6. 标准名牌。

7. 包装用品、营业用品。

8. 标准 POP 格式。

9. 贴纸（格式、大小、直横）。

10. 店卡。

11. 贵宾会员卡、优待卡、感谢卡、××的友情卡。

12. 广告旗。

第八条　本部统一计划、指导实施事项。

1. 商品构成计划。

2. 商品陈列计划。

3. 毛利计划。

4. 促销计划。

5. 广告宣传计划。

6. 进货补给计划。

7. 其他关于店铺的管理计划。

第九条　产品供给方法的制定。

1. 连锁加盟店经销产品中，至少有×%以上产品要向本部进货，以达到进货集中化。

2. 产品的供给，原则上由本部定期配送系统配给。

第十条　提成计划。

有关提成计划内容如下，提交“商品计划委员会”统筹研究。

1. 独自开发使用共同商标的产品。

2. 连锁加盟店囤积库存产品的调配周转。

第十一条 货款管理。

每月1日至月底所进货的款项，于次月5日以前汇至本部所指定的银行账户，或将支票寄至本部。

第十二条 产品调换。

1. 由本部提供的产品及物品，原则上不予退货。

2. 但有下列的情形时，可调换产品：

（1）本部承认的退货期限内的特定产品，并承担退货所需的运费及其他损失，如本部无过失，其费用由连锁加盟店负担。

（2）本部拟订销售计划指定产品的配额，在本部所承认的一定期间内不能售出时，也可以适用前项协议书的规定。

3. 前项退货产品货款的支付，应根据第十一条的规定，每月结算。

第十三条 费用管理。

1. 连锁加盟店对于本部的营运费用的分担方法：

（1）会费每月××元；

（2）每月向本部进货金额的×%。

2. 除依前条负担固定的营运费用外，连锁加盟店应依下列基准，逐项分担连锁加盟事项的费用。

（1）共同广告经费——实际费用或分担。

（2）共同特卖经费——实际费用或分担。

（3）各项活动经费——实际费用或分担。

（4）调查、教育经费——实际费用或分担。

（5）店铺、广告陈列品的设计及物品的费用——实际费用。

（6）其他特别指导援助的经费——实际费用。

第十四条 保密规定。

连锁加盟店对于本组织的计划、营运、活动等情况及内容不得泄露给他人，特别对下列事项应保守机密，如有违反所产生的损失，应由当事人负责赔偿。

1. 经销产品及物品的采购厂商、价格、进货条件。

2. 连锁加盟店的详细经营内容，特别是进货、销售、资金计划的具体内容。

3. 其他本部指定的事项。

第十五条　禁止事项。

加盟店不得有下列行为：

1. 将从本部进的货物，提供给非连锁加盟店；

2. 加入本部以外的同业连锁加盟店；

3. 毁损本部的名誉；

4. 在无正当理由的前提下，将本部所送的文件、情报提供给他人。

第十六条　本部解除加盟契约。

1. 有下列各项事由时，本部可解除加盟契约。

（1）连锁加盟店无正当理由，不服从前条的规定时。

（2）连锁加盟店的经营连续亏损六个月以上，经“纪律委员会”判断无法改善经营状况时。

（3）连锁加盟店或连锁加盟店的经营者申请破产，或受强制执行，或执行处分时。

（4）与连锁加盟店的经营者有关的连锁加盟店发生经济纠纷，因而连锁加盟店的经营受重大影响时。

（5）需要偿还本部的债务，虽经劝告，仍不履行时。

2. 有下列事由时，本部可将该连锁加盟店除名。

（1）对本制度有重大违反时。

（2）明显妨碍本部的信用时。

（3）妨碍正常的连锁运营时。

第十七条　连锁加盟店解除加盟契约。

连锁加盟店无论何时，均可退出本连锁加盟组织。如解除连锁加盟契约，至少应于三日前，以书面通告本部。

第十八条　解除连锁加盟契约应处理的事项。

1. 遵从本部指示，将店铺内外的连锁加盟名称撤除。

2. 遵从本部指示，将经销产品目录、价格表及其他本部送付的物品、文件送还。

3. 本部指定的商标商品应予以回收，其回收价格应服从本部的规定。

4. 对本部或其他连锁加盟会员的债务要立即偿还。

5. 实施上列各项所需一切费用，由连锁加盟店负担。

6. 由于解除契约，发生具体损失时，连锁加盟店应予赔偿。

第十九条　本制度的修正，须经出席连锁加盟店大会2/3以上的代表决议通过。

第二十条　关于连锁加盟店的营运，本制度或另定的各种规则无规定时，由本部酌情决定。

3.29 代理店业务管理制度描述

代理店业务管理制度

第一条　本制度旨在为××公司（以下简称公司）与××代理店（以下简称代理店）间的代理业务关系确定依据。

第二条　代理店的销售区域由双方共同商定。代理店如要进行指定销售区域外的销售，需事先通报公司，并征得公司同意。

第三条　代理店经销的产品为公司制造的××系列产品。

第四条　代理店每月必须完成销售额××万元以上，代理店需在每月25日前将下月预定销售额通告公司。

第五条　公司对代理店的供货价格及代理店对客户的销售价格由价格

表另定。供货价格的变更须经双方协商决定。销售价格的变更，需征得公司同意。

第六条 根据购物量的多少，代理店应预交一定数量的购货保证金。

第七条 代理店应向公司提交必要的业务资料，如客户名单销售计划等。

第八条 公司对代理店的供货地原则上以公司生产地为主。如代理店有特别要求，公司应将货物运送到指定地点。运费由代理店支付。如运输过程中发生损害，由双方协商解决。

第九条 如供货与代理店订货内容不同，或因公司生产制造上的责任，造成质量问题，代理店可以将货物退回公司。

第十条 货款的结算日为每月 20 日，代理店应在下月 10 日前将上一月的货款付清。

第十一条 如代理店不能履行付款义务，或有违约行为，公司可以削减对代理店的供货。

第十二条 为了促进代理店的销售，保证代理店与公司间建立良好的合作关系，特提出各种奖励和支援措施。

第十三条 销售奖励制。如代理店三个月平均的订货量比上年同期 3 个月的订货量增加 30% 以上，公司实行利益返还奖励。具体规定如下：

1. 增加 30% 以上，奖励 × ×%。

2. 增加 40% 以上，奖励 × ×%。

3. 增加 50% 以上，奖励 × ×%。

4. 增加 60% 以上，奖励 × ×%。

如代理店全部以现金支付货款，则返还 ×% 的利益，如以期票支付，且将期票时间缩短到 60 天（规定为 90 天），则奖励 ×%。

第十四条 协会。

代理店加入公司的代理店协会，可以接受协会在经营管理和产品制造技术等方面的指导，无偿得到广告宣传品和经营资料。

第十五条 同类产品经营限制。代理店未经公司同意，不得与第三方签订制作、销售与本制度第三条所规定商品相同或相类似的商品的合同。

第十六条 严守商业秘密。代理店与公司都有严守双方交易过程有关的商业秘密的义务，不得泄露给第三方。

第十七条 违约处理。代理店如有违反本制度的行为，公司可以随时解除代理店的代理资格。

第十八条 代理店间竞争的限制。代理店不遵守指定的销售区域，以非指定价格在其他销售区域销售产品，属不正当竞争行为，应予禁止。如因代理店的不正当竞争行为引起代理店间的纠纷，应由公司出面公正地调解。

第十九条 新设代理店。公司在新设立代理店时，必须经过认真调查，并征求已有代理店的意见。新代理店的设置不能损害原有代理店的利益。

第二十条 当公司与代理店发生合同纠纷时，应在公司所在地的仲裁机构仲裁。

第二十一条 本制度的修改由公司与代理店共同商定进行。

3.30 公司特约店经营制度描述

公司特约店经营制度

第一条 本公司设置特约店的基准及营运方针，以本制度的内容为准。

第二条 经营商品。

1. 经营商品以××为主体。目前的主力产品是依靠旧有客户的交易，为了将来的发展，目前也应视情况适当经营新产品。

2. 特约店负责前项商品的批发和销售。

3. 特约店不得销售其他厂商的同种产品。

4. 今后将逐次追加经营商品项目。

第三条　特约店的设置。

1. 特约店的设置依下列规划进行：

（1）地区×店。

（2）地区×店。

（3）地区×店。

2. 前项区域划分，可因销售额的提高、人口的增加及其他因素而变更店数。

3. 本特约店制度只适用于大城市及附近县市，其他区域的实行方针则依照总代理店制度来进行。

4. 特约店的选定。

（1）从以往与本公司有交易往来的零售店中筛选。

（2）从目前虽与本公司无交易或交易额极小，但却极具未来潜力的零售店中筛选。

5. 从业绩不高的零售店中筛选特约店时，须依照下列基准来进行：

（1）每年销售本公司产品数量超过××以上的店。

（2）每年销售××产品数量超过××以上者。

（3）目前的交易额度虽小，但具有诚意且付款明确者。

选店时必须以经营稳健且具有合作性、能积极投入销售活动者为对象。

6. 未有交易往来而具实力者是指符合下列条件的零售店：

（1）该地区尚未有老客户介入。

（2）以地区性来说具有销售潜力且未来仍有可能开拓销售渠道的零售店。

第四条　与非特约店交易客户的往来方式。

1. 对于非特约店的交易客户，一概以既有的交易方法来进行交易。

2. 不论商品出于本公司或出于特约店，价格都必须统一。

3. 对于新的交易申请，原则上应转由该地区的特约店办理。

4. 这种非特约店的商店交易，应随着特约店销售能力的增大而中止。相反，这些商店中如有交易增大者，应设法将其纳入特约店体制中。

第五条 特约店的义务。

1. 根据过去的实绩及所在的区域的消费实力，特约店每年要有一定的销售责任额，此额度每年必须经双方协议而修正。

2. 目前各商品的最低销售责任额暂定如下：

（1）××地区——××至××。

（2）新产品及新型号则依当时条件另订。

3. 特约店须加入总公司。

4. 总公司是以协助、扩展特约店业务为目的的实体。

第六条 交易方法。

1. 交货给特约店的批价及特约店本身的售价依下列规定实施：

（1）A 价——公司批给特约店的价格。

（2）B 价——特约店及公司给零售店的价格。

（3）C 价——卖给一般消费者的售价。

（4）D 价——季节前的交易价格届时另订。

2. 为促进特约店的销售及鼓励其积极付款，本公司特设折扣制度。

3. 货款的缴付以每月二十五日为截止日，次月十日前须以现金缴付。如以期票缴付则付款金额包含折扣费。

4. 关于季节性的货款缴付，应另外订立特别价格。

5. 货物运送过程中所发生的破损等由本公司负担。

第七条 支援销售。

1. 对于特约店，本公司将免费或以成本价提供销售用的目录、广告册、传单、海报等。

2. 本公司自行负担在报纸、杂志、传单及其他媒体上的产品宣传费用，在实行这些广告宣传之前，本公司应制作实施预定表，事前与特约店进行联络。

3. 本公司对特约店进行有关销售方法、商品说明方法及其他相关的培训，并指示销售计划。

4. 在开始销售新型产品时，公司免费提供或借与各特约店该产品的样品。

5. 本公司对特约店主及负责的店员进行有关产品的组合及使用方法、产品说明、销售时的应对方式等方面的教育指导。

第八条　产品制造方法。

1. 如偏远地区的订货量增多时，可于市内及各地寻求转包工厂，由这些工厂来负责产品的生产。

2. 本公司内部将自设模具工厂，由公司自己经营，至于生产方面本公司将再采取转包生产政策。

3. 针对××××及××各产品，本公司将设置装配工程部门，以付费方式委托其他单位。

3.31 特约店协会组织制度描述

特约店协会组织制度

第一条　名称。

本会的名称为“××特约店协会”。

第二条　办公处。

本会的办公处设于××公司之内。

第三条　会员。

本会的会员与××公司缔结特约店契约，且须具有第八条规定的会员资格。

第四条 业务。

本会以增进会员的销售，促进业务的合理化及经营的发展，加强会员之间的联系为原则，特别开展下列五项工作：

1. 为促使销售契约成立所进行的各种磋商、协定。

2. 修订、制定特约店的规定。

3. 进行各种业务上的联络，以使彼此的交易得以顺利进行。

4. 举行有关销售方法、销售技术、经营管理、店铺设计、人事管理、事务处理及其他相关内容的研究会、讲习会、训练会，并进行指导。

5. 计划、实施各种活动以促进彼此间的良好关系。

第五条 运营方式，管理人员。

本会基于业务的需要，设置下列管理人员：

1. 会长1名。

2. 副会长1名。

3. 干事若干名。

以上管理人员由会员选举产生，任期为一年可连选连任。

第六条 运营。

本会每年举行一次大会，会中讨论年度计划及进行业务报告、财务报告。会长及副会长必须根据情况需要，召集人员组成董事会。董事会根据大会的议事项目，决定有关会务运作的协议。

第七条 经费。

会费每年为×××元。凡会议、通信、联络等会务运作所必需的经费皆由此支出。但讲习会、旅行等特别经费则须依当时的需要，由董事会议决定。

第八条 会员资格。

凡本会会员须具备下列四项条件：

1. 与××公司已缔结特约店契约者。

2. 已支付信用金者。

3. 过去一年的销售额达到×××万元以上者。

4. 其他本会特别指定者。

第九条　会员的特惠。

本会对于会员特别订有“特约店交易规定”，会员可因此享有交易上的各种特别优惠条件。

第十条　制度的废止。

本制度的废止须由大会决定。

3.32 公司自由连锁店组织制度描述

公司自由连锁店组织制度

第一条　本连锁店属于由加盟店与××公司联合构筑的自由连锁店。

第二条　本连锁店的宗旨是互利互惠、相互合作、共存共荣，谋求各自事业的发展，共同服务于消费者。

第三条　本连锁店总部设在××公司内。

第四条　连锁店经营总部的任务是：

1. 为各加盟店选择和提供经营商品。

2. 指导各加盟店的经营管理。

3. 协调各加盟店内其他日常事务。

第五条　加入本连锁店，须通过地区分部向总部提出申请。

第六条　总部要在对申请者经营情况和所在地区市场情况分析基础上，做出决定。

第七条　各加盟店必须在显著位置挂有本连锁店标志。

第八条　各加盟店在一年中必须经销一定数量的连锁店统一经销商品（××公司产品），其数量由连锁店大会确定。

第九条　对上述商品，各加盟店不允许进行再批发或转销。

第十条　各加盟店统一经销的商品，必须以指定价格销售。

第十一条　各加盟店必须与地区分会保持密切联系，并接受后者的检查与指导。

第十二条　各加盟店对第七、八、九、十条规定如有违反，或对整个连锁店的经营发展造成不良影响时，经总部或地区分部同意，可终止其业务。

第十三条　总部的主要任务是在广泛听取各加盟店意见的基础上，制订本连锁店的发展计划，并会同下属机构组织实施计划。

第十四条　总部应与下属机构及加盟店间保持密切联系，在宏观上加以指导。

第十五条　××公司负责生产或购入商品，提供给各加盟店。

第十六条　××公司不得将连锁店统一经销的商品提供给非加盟店，可以向国外出口。

第十七条　七个以上邻近地区的加盟店即可成立地区分部。

第十八条　联合分会由全国大中城市的地区分部构成。

第十九条　地区分部与联合分会接受总部的领导，应以推进下属单位的经营发展为己任。

第二十条　地区分部与联合分会可根据情况需要，另行制定其他规章协约。

第二十一条　地区分部和联合分会依照本制度自主经营。

第二十二条　全国联合分会长会议由各联合分会会长组成。

第二十三条　全国联合分会长会议是总部的非常设咨询机构，其职责是向总部提出建设性意见。

第二十四条　本制度自××年×月×日起实行。

3.33 特约店交易合同书描述

特约店交易合同书

××公司（以下简称甲方）指定××商店（以下简称乙方）为经销本公司产品的特约店。甲乙双方特签订以下合同。

第一条　交易内容。

甲方负责向乙方提供商品，乙方负责在指定区域内销售甲方产品：

第二条　货款支付。

1. 乙方向甲方交付货款的时间规定如下：每月 20 日结算，翌月 20 日前支付。

2. 货款应由乙方送到甲方营业所。乙方须根据甲方提出的付款通知书以现金形式及时支付。

3. 乙方如对付款通知书有异议，须在接到通知书两周内向甲方提出。

第三条　交货地。

商品交货地原则上为甲方生产厂所在地。货物离开甲方生产厂后的一切损毁，由乙方负责。货物运费由乙方负担。

第四条　迟付款赔偿。

如乙方不能在指定时间内支付货款，应从支付的最后期限日算起向甲方支付的滞纳金赔偿。

第五条　担保提供。

为确保甲方的债权，乙方应根据甲方的要求，向甲方提供可靠的担保人。甲方有要求乙方提供担保金的权利。保证金由甲方托管，并以甲方指定利息为保证金计息。

第六条　合同的解除。

甲方在认定有以下情况者，可不通知乙方单方面中止合同：

1. 在没有特殊事由的情况下，乙方的销售额长期不变或呈下降状态。

2. 乙方长期不能按约支付甲方货款，其信用状况趋于恶化。

3. 乙方不履行合同确定的义务，或与甲方采取不合作态度，或者有损害甲方商品信誉的行为。

4. 甲方认为乙方已不符合特约店的必备条件。

5. 如乙方提出解除合同，必须事先征得甲方同意。

第七条 诉讼地。

除法律上的特殊规定外，因本公司发生的法律诉讼，应在甲方所在地的法院提出诉讼。

第八条 合同有效期。

1. 本合同有效期为一年，满一年时，甲乙双方经协商，可以依本合同条件续延。

2. 本合同一式两份，签名盖章公证后甲乙双方各存一份。

甲方 地址

公司名称

乙方 地址

公司名称

甲方担保人

乙方担保人

签约日期 年 月 日

3.34 代理店合同书描述

代理店合同书

第一条　本合同确定××公司（以下简称甲方）与其代理店××公司（以下简称乙方）之间的商品供销事项。

第二条　作为甲方的代理机构，乙方的销售区域限制在××地区，销售产品为甲方所生产××系列产品及附件。

第三条　乙方如接受上条所定销售区域以外的订货，必须事先与甲方联系，征得甲方同意。如甲方经过调查，确认这项交易不会损害其他代理店的利益，乙方可以接受订货。

第四条　原则上，乙方只能从甲方进货，然后销售给客户，不得经销其他公司同类产品。

第五条　乙方在指定销售区域内每年须完成××万元销售额，但不规定具体商品的销售额。

第六条　在事先征得甲方同意前提下，乙方可以设立下属系列代理店。

第七条　乙方在接受客户订货时，可委托甲方预估货款，向甲方提交预估请求表。经甲方核定后，送交乙方。

第八条　甲方须根据乙方订单内容将货物发送到指定场所。如无指定送货地，货物离开甲方仓库时即为供货日。

第九条　即使本合同生效后，甲方也可以将其产品直销给乙方销售区域内的客户，但甲方必须充分尊重乙方在指定销售区域内的销售权。

第十条　甲方对乙方的供货价格，乙方对客户的销售价格，均由另外的销售价格表确定。

第十一条　甲乙双方都有义务维持上条所确定的销售价格，如大幅度提价或降价须由双方协商确定。

第十二条 商品的售后服务工作由乙方负责，如乙方确有困难，可请求甲方帮助所需费用由乙方负担。

第十三条 甲方在乙方销售区域内的直销业务，如需技术指导和售后服务，可委托乙方代理其费用由甲方负担。

第十四条 如无特别限定，产品的生产制造费和运费均由甲方负责。

第十五条 在运输中如发生货物破损和货物丢失，均由甲方赔偿。货物到达7日内，乙方须提出证明材料和赔偿要求，经甲方确认后给予货物补偿。

第十六条 乙方向甲方提出的退货要求限于货物与订单不符或货物破损。

第十七条 乙方须在每月20日前向甲方提交未来三个月的销售计划。

第十八条 乙方为完成第五条所确定的责任销售额，应具备最低限度的销售人员和技术人员保证。

第十九条 乙方应定期对销售人员进行技术培训。届时，乙方可向甲方提出师资方面的要求。

第二十条 乙方负责培训师资的往返交通费，宿费和餐费由甲方负担。

第二十一条 乙方未经甲方同意，不得与其他企业签订经销同类商品的合同。

第二十二条 甲方和乙方不能向第三者泄露对方的商业秘密。甲方不得与本合同第三条所规定销售区域内的第三者签订类似代理店合同，否则即视为违约行为。

第二十三条 货款支付结算日为每月20日。乙方应在10日内交付结算日前的所有货款。

第二十四条 用于商品目录、邮送广告、广告传单等方面的销售费用，由乙方负担一半（但由乙方独立策划的促销活动其费用，全部由乙方负担)。

第二十五条　本合同修改由甲乙双方协商进行。

第二十六条　乙方如部分或全部违反本合同条款，甲方可随时解除本合同。

第二十七条　乙方应根据订货额向甲方交付订货保证金，保证金的管理由甲乙双方商定。

第二十八条　甲乙双方如在合同条款上发生纠纷，由甲方公司所在地的仲裁机构裁决。

第二十九条　合同有效期为自签订之日起一年。如合同期满前2个月，甲乙双方中任一方不提出异议，本合同续延一年以后，可以依此类推。

第三十条　销售价格和供货价格。本合同一式两份，甲乙双方各持一份，另附本合同第十条所定销售价格和供货价格。

1. 销售价格（略）。

2. 供货价格（略）。

3.35 国外销售代理合同书描述

国外销售代理合同书

××公司（以下简称甲方）与××公司（以下简称乙方）就乙方生产经营商品出口及国外销售事宜，特签订本合同。

第一条　甲方为乙方生产经营的全部商品（以下简称商品）在×国的独家代理店，负责在×国向第三方销售。

第二条　甲方在进行上述销售活动时，必须尊重乙方的经营方针，努力拓展销售渠道，扩大商品销售。

第三条　商品价格及货款支付。

1. 乙方以另表所列价格销售给甲方。乙方因各种原因需变更价格时，应于正式调整一个月前通知甲方。

2. 甲方从乙方所购商品货款，每月 20 日核算一次，并在次月 20 日以 120 天期票形式与乙方结算。

但当货款不满 10 万元时，甲方通过乙方指定的银行账号汇款。转账时间由双方协商确定。

3. 本合同中止后，如甲方尚有货款未付，应立即全额支付给乙方。

第四条　其他公司商品代理。

1. 甲方原则上不能销售与乙方相同或类似的其他公司商品。

2. 如经销乙方以外的商品必须征得乙方的书面同意。

第五条　质量保证责任。

1. 当乙方提供的商品有质量问题时，应由乙方承担责任。

2. 如甲方提出更换同一型号商品时，乙方应立即予以调换。

第六条　技术指导。

乙方有责任对甲方及甲方用户进行必要的技术指导。

第七条　促销活动。

甲方用于广告宣传用的促销手册（包括商品目录）、商标及展示会、宣传材料等，须征得乙方的同意才能实施。

第八条　促销费用负担。

因促销活动支付的正常费用，甲乙双方各负担二分之一。

第九条　售后服务和零配件供应。

乙方对提供给甲方的商品，即使是保修期后，也要继续提供售后服务和零配件供应。

第十条　在其他国家进行故障修理及保修，原则上与乙方在国内的有关规定相同。

1. 往返交通费及住宿费由乙方负担。

2. 乙方有权委托在国的保修单位。

第十一条　合同期限。

本合同的有效期为自××年×月×日起的一年时间。期满一年后，如双方均无更改合同的要求，则本合同有效期延长一年。

第十二条　合同的变更。

本合同如无双方的签名盖章，其有关条款不得变更。

第十三条　合同的解除。

1. 甲方和乙方中任一方违反本合同的某项条款，另一方有权直接解除本合同。

2. 下列任一情况出现时，乙方可直接解除本合同，或依据本合同，暂时中止与甲方的代理关系。

（1）甲方的收益水平、经营能力和资产状况明显恶化，乙方认为难以继续保持与甲方的代理关系时。

（2）甲方宣告破产或被查封时。

第十四条　争议事项。

如对合同所列条款有异议或存在本合同未列事项，双方应本着积极坦诚的态度协商。

第十五条　诉讼裁决。

有关本合同的诉讼，裁决者首选为××法庭。本合同一式两份，双方签字盖章后生效，甲方乙方各保存一份。

甲方　　　××公司

（地址）

（签约人）

乙方　　　××公司

（地址）

（签约人）

年　月　日

3.36 连锁机构合同书描述

连锁机构合同书

第一条　××连锁机构（以下简称甲方，即连锁权授予者）与××公司（以下简称乙方，即连锁权授受者）之间为共同发展，保持良好关系，特签订本合同。

第二条　乙方经甲方授权自合同生效日起，必须以“××连锁店”的商标公开营业。

第三条　乙方应接受甲方组织章程规定事项，并全力配合甲方授权经营管理人员的执行事项。

第四条　在本合同缔结同时，乙方应交付给甲方商标授权权利金××万元（一概不退还）。

第五条　乙方于签约后，应接受甲方（企业统一形象）的计划建议，进行店内布置或改装工程，其费用均由乙方自理。如乙方配合不周以致影响全体或本身（有形或无形）利益时，乙方应负完全责任。

第六条　乙方有按季向甲方缴付基金服务费的义务，该费用自合同生效日起每六个月（半年）一次付清。由甲方通知乙方于期限内缴付。其金额依“××连锁店组织管理章程第××条”办理。

第七条　甲方应遵守的约束事项如下：

1. 甲方应定期给乙方提供免费研习机会。如有必要收费，须先征得乙方同意。

2. 甲方对于乙方的经营，应聘请专家进行评鉴及建议工作，以提高乙方的业绩。

3. 甲方应将制造或开发采购商品及其他与营业相关物品提供给乙方，其售价应合理且在市价以内。

4. 甲方应聘请专家策划所有连锁店的统一广告宣传活动。

第八条　乙方应遵守的约定事项。

1. 应遵守甲方指定的“经营决策委员会”的一切决议事项。

2. 每月至少应拨×万元以上的费用与甲方授权的连锁店共做广告，此项活动应交由甲方执行。

3. 每月至少应向甲方申购商品、物品达×万元以上。

4. 应在规定期限内支付款项给甲方。

5. 自行从事广告活动时，应向甲方报告，以不破坏企业形象为原则。

6. 不得私下转让或转借甲方授予的一切权利。乙方营业地点变更、法人代表变更等事项均应经过甲方同意，否则以违约论。

第九条　本合同解除依“××连锁店组织管理章程”第×条规定办理。

第十条　本合同在甲、乙双方相互信赖与理解的前提下制定，对于本合同所订事项亦应以善意方式予以实施，如有未尽事宜由“经营决策委员会”及甲方研究订立。

第十一条　以上本合同诸条款，应相互确认而不能有所指责或不履行。本合同自甲乙两方签字盖章之日起生效，同时甲方发给乙方下列资料，乙方应妥善保管并遵守。

1. ××连锁机构组织章程。

2. 经营决策委员会办事章程及议事规程。

3. ××连锁店组织管理章程。

本合同一式两份，甲、乙双方各执一份为凭。

（甲方）连锁权授予者：××公司所属××连锁机构

法人代表：

地　　址：

身份证编号：

（乙方）连锁权授受者：

法人代表：

地　　址：

身份证编号

年　月　日

3.37 连锁店加盟合同书描述

连锁店加盟合同书

第一条　本合同确定××公司与其加盟连锁店的权利与义务，旨在推进××公司和各加盟店事业的共同发展。

第二条　××公司及各加盟店不受本合同以外和根据本合同制定的其他规定以外的规章约束。

第三条　××公司及各加盟店必须严格遵守本合同及根据本合同制定的其他规定。××公司须为各加盟店严格保守商业秘密。

第四条　在××公司的许可下，各加盟店对外名称为“××连锁店”。

第五条　营业前准备。

1. 各加盟店与××公司签订本合同后，××公司予以加盟店各种业务指导和支援。各加盟店须依据××公司的指导进行营业前准备。

2. ××公司对加盟店的指导和支援由另行的营业前准备规定确定。

3. ××公司有义务对加盟店进行下列指导和支援：

（1）职员培训。

（2）提供各类促销广告宣传。

（3）指导建立营业账簿。

第六条　禁止转让经营权。

各加盟店的经营权禁止转让。但依据经营继承权规定，经营权可以继承。

第七条　商品订货及运费。

与各加盟店的营业活动有关的规定如下：

1. 经销商品名称及价格由商品名录确定。

2. 订货需统一填制。

3. 订购经销××公司以外的商品，需征得××公司的认可。

4. 货款每月、日结算，月底通过银行汇款到××公司指定账号，但首次购货货款须当时支付。

5. 原则上不接受加盟店的退货。

6. 货物运输由××公司承担，但运费由订货加盟店支付。

第八条　营业报告。

各加盟店有每月末向××公司汇报当月营业情况并妥善保管各种营业记录的义务，且有义务接受公司对此的检查和审查。

第九条　各加盟店在录用员工时需慎重选取。应将员工名录及时上报××公司。

第十条　为保证各方的共享利益，××公司与各加盟店必须遵守下列共同义务：

1. 为体现连锁店企业形象的统一性，各加盟店须对店内外重新装修。

2. 实施统一的广告宣传。

3. 实行内部统一的布局设计。

4. 使用统一的营业用消耗品。

5. 营业员穿着统一的制服。

6. 实行统一的经营管理模式。

7. 店面外采用风格统一的装饰。

第十一条 所列的费用支付由各加盟店负担。

第十二条 各加盟店需向××公司支付×万元的保证金。

第十三条 各加盟店因故意或过失造成的商品损害，或对消费者造成的损害，均由各加盟店赔偿。由××公司责任造成的损害，由××公司负责赔偿。

第十四条 如加盟店拒绝支付或部分支付保证金，或不履行××公司规定的其他义务，××公司可对其下达限期支付命令，或单方面中止本合同。

第十五条 如加盟店不能如期支付货款，自支付期结束日开始，采取计息支付。

第十六条 如原加盟店法人代表死亡，其继承人应在60日内向××公司提出申请，并从继承经营权之日起，履行本公司。在提出申请时，必须有原法人代表的书面同意文件。××公司在审查后再行决定。

第十七条 各加盟店如有以下变动时，须在日内向××公司进行汇报：

1. 经营管理机构人员变动。

2. 职工人数增减变动。

3. 企业资金发生变化。

4. 经营状况发生重大变化。

5. 对本合同规定事项进行单方面修订。

第十八条 在合同期内，各加盟店不能有如下行为：

1. 违反店名、标志和商标规定。

2. 陈列和销售非指定商品。

3. 违反统一的广告宣传规定。

4. 擅自调整价格。

5. 不经××公司同意，进行连锁店之间的竞争。

6. 不履行支付保证金义务，不如期支付货款。

7. 进行违法或有损连锁店声誉的活动。

第十九条　本合同的有效期自业务开始起，有效期为三年。

第二十条　合同续延须在合同有效期结束前6个月向××公司提出申请，得到同意后，合同续延一个新的合同期。但是，如××公司在合同有效期结束前1个月尚无答复，本合同自动中止。

此外，××公司有义务提前6个月通知加盟店解除合同事项。但各加盟店如有第十八条所列行为，可在合同期间解除本合同。

第二十一条　本合同终止后，各加盟店须根据本合同进行的营业活动，在30日内返还属连锁店总部的物品，撤除依本合同所制作的广告、标志等。

3.38 销售方针计划书描述

销售方针计划书

第一条　本公司以销售大众性商品为主。为了大量行销，尽量以低价位、高质量为诉求。

第二条　今后将集中生产价格低廉且质感优良的实用品，并以此作为本公司的主要商品。

第三条　本公司不特别重视单纯性的流行品或时代尖端的产品。但是，仍多少会推出这种类型的尖端流行产品。

第四条　在选择销售据点时，以中型规模或中型以上规模的销售店为目标。小规模的店面行销方式，除特殊情况外，原则上不予采用。

第五条　关于前项的销售据点，在做选择、决定或交易条件的企划、事务处理时，都须确实慎重行事，这样才能巩固本公司的营业根基。

第六条 与销售店开始进行新的交易之前，须先提出检查，并依照规定做好调查、审议及条件的查核后才能决定进行交易。

第七条 让销售的相关机构及制度朝向合理化，并得以提高受理订货、交货及收款等事务的效率。

第八条 销售人员在接受订货和收款工作时，必须和与此相关的附带性事务处理工作分开，这样销售人员才能专心做他的销售本务。因此在销售方面应另订计划及设置专科处理该事务。

第九条 改善处理手续（步骤），设法增强与销售店之间的联系及内部的联络，提高业务的整体管理及相关事务的效率。尤其须巧妙地运用各种账表（传单、日报）来提高效率。

第十条 进货总额中的35%用于对××制造公司的订货，其他则用于公司对外的转包工程。

第十一条 进货尽可能集中在某季节，有计划性地开展订货活动。交易契约的订立除了要设法使自己有利外，也要让对方有安全感。

第十二条 进货时要设立交货促进制度，并按下列条件来进行计算；对于交货成绩优良的厂商，将采取退佣方式处理，其规定如下：(1）进货数量；(2）交货日期及交货数量；(3）交货迟缓程度及数量。

第十三条 为使进货业务能合理运作，本公司每月召集由各进货厂商，外包商及相关人员参加的会议，借此进行磋商、联络、协议。

第十四条 ××制造公司与本公司之间的交易（包括与该制造公司目前正式交易的三家公司)，一概归与本公司作直接交易。

第十五条 本公司拒绝接受传票，一旦物品交入本公司就属于本公司的营业范围内。

第十六条 为督促货品能尽快进货，负责进货人员应每天到各厂商去照会联络，并促使对方尽快着手。

第十七条 在处理对外订货事宜时应使用报表，记入材料名称、色调、产品样式、号码、尺寸、厂商号码，然后交给厂商（厂商的户头也应写入）。

第十八条　前项报表在发出订单时应一起附上，另外，还要贴在产品的箱子上，连同产品一起交给零售商和消费者。

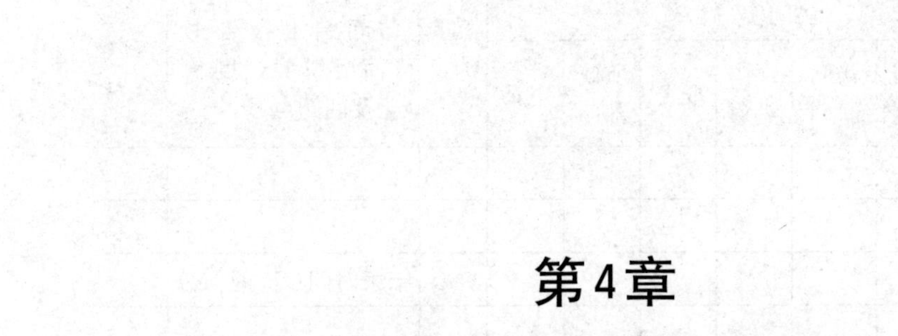

第4章
销售工作日常用表图例

4.1 客户开发计划表（表4－1）

表4－1　客户开发计划表

销售专员：　　　　　　　　　　　　　　　　　　　　　　　　年度：

月份	访问客户							约定	访问结果报告书（简要说明进度状况及问题点）	客户分类
	序号	企业名或厂名	访问时间	拜访对象	职务	所属部门	电话			
	1									
	2									
	3								结束时间：　时　分	
	1									
	2									
	3								结束时间：　时　分	

4.2 客户开发报告表（表4－2）

表4－2　客户开发报告表

客户名称		电话	
企业地址		电话	
主办人员			
推销产品			
第一次交易额			
第一次交易品名			
开拓经过			
备注			
批示			

经理：　　　　　　　　　　　销售主管：　　　　　　　　　　　报告者：

4.3 客户开发统计表（表4-3）

表4-3 客户开发统计表

序号	客户名称	拜访者	所属部门	电话	拜访结果说明	客户级别
1						
2						
3						

4.4 访问频次计划表（表4-4）

表4-4 访问频次计划表

人员 客户级别	经办人		组长	科长	经理	总经理 副总经理	备注
重要客户	访问 每月 ___次	电话 每月 ___次	每月 ___次	___个月 1次	___个月 1次	___个月 1次	
一般客户	每月 ___次	每月 ___次	___个月 1次	___个月 1次	___个月 1次	有必要时	
潜在客户	每月 ___次	每月 ___次	有必要时	有必要时			

4.5 客户访问月计划表（表 4－5）

表 4－5　客户访问月计划表

月度　　第　周访问计划　　　　　　　　　　　　　　　　销售专员：

<table>
<tr><th rowspan="2">客户名称</th><th rowspan="2">拜访对象</th><th rowspan="2">联系电话</th><th colspan="13">计划拜访次数与实际执行情况</th></tr>
<tr><th>月份</th><th>1</th><th>2</th><th>3</th><th>4</th><th>5</th><th>6</th><th>7</th><th>8</th><th>9</th><th>10</th><th>11</th><th>12</th></tr>
<tr><td rowspan="2"></td><td rowspan="2"></td><td rowspan="2"></td><td>计划</td><td></td><td></td><td></td><td></td><td></td><td></td><td></td><td></td><td></td><td></td><td></td><td></td></tr>
<tr><td>实际</td><td></td><td></td><td></td><td></td><td></td><td></td><td></td><td></td><td></td><td></td><td></td><td></td></tr>
<tr><td rowspan="2"></td><td rowspan="2"></td><td rowspan="2"></td><td>计划</td><td></td><td></td><td></td><td></td><td></td><td></td><td></td><td></td><td></td><td></td><td></td><td></td></tr>
<tr><td>实际</td><td></td><td></td><td></td><td></td><td></td><td></td><td></td><td></td><td></td><td></td><td></td><td></td></tr>
</table>

4.6 客户拜访日报表（表 4－6）

表 4－6　客户拜访日报表

日期：　　　　　　　　　　　　　　制表：

<table>
<tr><th rowspan="3">项次</th><th rowspan="3">访问客户</th><th colspan="4">访问时间</th><th colspan="6">访问目的</th><th colspan="3">结果</th><th colspan="3" rowspan="2">下次计划行动</th></tr>
<tr><th colspan="2">到达</th><th colspan="2">离开</th><th rowspan="2">收款</th><th rowspan="2">订货</th><th rowspan="2">开发</th><th rowspan="2">服务</th><th rowspan="2">介绍</th><th rowspan="2">其他</th><th rowspan="2">收款</th><th rowspan="2">订货</th><th rowspan="2">其他</th></tr>
<tr><th>时</th><th>分</th><th>时</th><th>分</th><th></th><th></th><th></th></tr>
<tr><td>1</td><td></td><td></td><td></td><td></td><td></td><td></td><td></td><td></td><td></td><td></td><td></td><td></td><td></td><td></td><td></td><td></td><td></td></tr>
<tr><td>2</td><td></td><td></td><td></td><td></td><td></td><td></td><td></td><td></td><td></td><td></td><td></td><td></td><td></td><td></td><td></td><td></td><td></td></tr>
<tr><td>3</td><td></td><td></td><td></td><td></td><td></td><td></td><td></td><td></td><td></td><td></td><td></td><td></td><td></td><td></td><td></td><td></td><td></td></tr>
<tr><td>…</td><td></td><td></td><td></td><td></td><td></td><td></td><td></td><td></td><td></td><td></td><td></td><td></td><td></td><td></td><td></td><td></td><td></td></tr>
<tr><td>总结</td><td colspan="10">今日访问家数______　今日销收总额______
本月累计访问家数____本月销收总额______
明日计划访问家数____预定收款额　______</td><td>市场情报</td><td colspan="6"></td></tr>
<tr><td rowspan="2">工作检讨及建议</td><td colspan="8" rowspan="2"></td><td colspan="2">竞争者情报</td><td colspan="7"></td></tr>
<tr><td colspan="2">批示</td><td colspan="7"></td></tr>
</table>

企划部：　　　　　　销售部经理：　　　　　　销售部主管：　　　　　　制表人：

4.7 客户拜访计划表（表4－7）

表4－7 客户拜访计划表

年 月 日

编号	客户名称	客户类型	拜访目的	预计时间	联系人	备注

批准： 审核： 填表：

4.8 客户拜访报告（表4－8）

表4－8 客户拜访报告

客户名称		客户类型	
拜访目的		拜访时间	
接洽人		联系方式	
客户拜访记录			
问题点及改善对策			
后续行动			

主管： 拜访人：

4.9 订货单（表4-9）

表4-9 订货单

订单号码					客户名称				
客户地址									
品　　名					规　　格				
批号等级					订货数量				
分批交货数量									
用　途				包　　装				体积	
完成日期				出货日期					
色号	箱数	箱号	毛重净重	尾箱重	色号	箱数	箱号	毛重净重	尾箱重
总计					总计				

主管：　　　　　　　　　　　　　　　　　　　　　　　　制表人：

4.10 订货登记表（表4-10）

表4-10 订货登记表

编号：　　　　　　　　　　　　　　　　　　　　　　　　填写日期：

接单日期		制造单号	客户名称	产品名称	数量	单价	金额	预定交货日期		信用情况	生产日期		装运		押汇日期		运费保险单	退税凭证
月	日							月	日		月	日	自	至	月	日		

4.11 年度订货统计表（表4-11）

表4-11 年度订货统计表

客户名称						负责人					
地址						联系方式					
品名规格	单价	数量	订货月份	交付日期	总额	品名规格	单价	数量	订货月份	交付日期	总额
			1月						7月		
			2月						8月		
			3月						9月		
			4月						10月		
			5月						11月		
			6月						12月		
合计						合计					

4.12 发货单（表4-12）

表4-12 发货单

编　　号：　　页次：

客户名称：　　订单号码：　　□一次交货

地　　址：　　交货日期：　　□分批交货

序号	产品名称	产品编号	数量	单价	金额
1					
2					
3					
…					

仓库员：　　主管：　　核准：　　填单：

4.13 发货日报表（表4－13）

表4－13 发货日报表

填表日期：

序号	客户名称	品名	规格	数量	单价	金额	备注
1							
2							
3							
合计							

4.14 发货月报表（表4－14）

表4－14 发货月报表

填写日期：　　年　月　日

订购日期	提货单编号	单价	上月结欠		本月订货		本月发货		本月结欠		备注
			数量	金额	数量	金额	数量	金额	数量	金额	

总经理：　　　　复核人：　　　　填写人：

4.15 退货单（表4－15）

表4－15　退货单

客户名称：　　　　　　　　　编号：　　　　　　　　　填写日期：

货物编号	名称	数量	备注	签章
退货原因				

复核人：　　　　　　　　　审核人：　　　　　　　　　填写人：

4.16 退货月报表（表4－16）

表4－16　退货月报表

填写日期：

序号	客户名称	编号	货物编号	名称	数量	金额	合同编号	发票号	退货原因	备注	签章
1											
2											
3											
合计	—	—	—	—			—	—	—	—	—

复核人：　　　　　　　　　审核人：　　　　　　　　　填写人：

4.17 销售合同统计表（表4－17）

表4－17　销售合同统计表

序号	销售专员姓名	合同编号	签订日期	货物编号	数量	单价	成交金额
1							
2							
3							
4							
合　计		—	—	—		—	

4.18 应收账款明细表（表4－18）

表4－18　应收账款明细表

编号：　　主管：　　会计：　　制表人：　　填写日期：　　年　月　日

<table>
<tr><td>客户名称</td><td colspan="3">统一发票</td><td rowspan="2">货单号码</td><td>预定收款日期</td><td>月　日　时 分</td></tr>
<tr><td>项次</td><td>月</td><td>日</td><td>字号</td><td>金 额</td><td>收款情况说明</td></tr>
<tr><td></td><td></td><td></td><td></td><td></td><td></td><td></td></tr>
<tr><td></td><td></td><td></td><td></td><td></td><td></td><td></td></tr>
<tr><td></td><td></td><td></td><td></td><td></td><td></td><td></td></tr>
<tr><td></td><td></td><td></td><td></td><td></td><td></td><td></td></tr>
</table>

4.19 应收账款年度分析表（表4－19）

表4－19 应收账款年度分析表

年度： 填写日期：

月份	销售额	累计销售额	未收账款	应收票据	累计票据	未贴现金额	兑款金额	累计金额	退票金额	坏账金额
财务部分析及建议										
领导意见										

复核人： 初核人： 制表人：

4.20 应收账款收款安排表（表4－20）

表4－20 应收账款收款安排表

编号： 主管： 会计： 制表人： 填写日期：

项次	客户名称	金额	明细表编号	预定收款日期	说明
1					
2					
3					
4					

4.21 销售费用年度预算表（表4－21）

表4－21 销售费用年度预算表

部门：销售部　　　　单位：元

品种	总额	1月	2月	3月	4月	5月	6月	7月	8月	9月	10月	11月	12月	合计
工资														
福利费														
工会经费														
办公费														
通信费														
水电费														
差旅费														
修理费														
销售佣金														
运输费														
广告费														
招待费														
仓储费														
租赁费														
包装费														
保险费														
其他费用														
合计														

销售部经理：　　　　销售主管：　　　　填表人：

4.22 销售费用月分析表（表4－22）

表4－22　销售费用月分析表

销售专员姓名：　　　　　　　　　　　　　　　　　　　　　　月份：

费用项目	预算数	实际数		差额	原因
		金额	占总费用比重		
工资					
福利费					
工会经费					
办公费					
通信费					
水电费					
差旅费					
修理费					
销售佣金					
运输费					
广告费					
招待费					
仓储费					
租赁费					
包装费					
保险费					
其他费用					
合计					

销售部经理：　　　　　　　　　　销售主管：　　　　　　　　　　填表人：

4.23 销售提成申请表（表4－23）

表4－23 销售提成申请表

申请人： 所在办事处： 申请时间： 提成所属月份：

<table>
<tr><th colspan="2">本月销售额（元）</th><th colspan="2">本月回款额（元）</th><th colspan="2">提成比率</th><th>应计提成（元）</th></tr>
<tr><td colspan="2">其中：</td><td colspan="2">其中：</td><td colspan="2"></td><td></td></tr>
<tr><td colspan="2">号发票</td><td colspan="2">号发票</td><td colspan="2"></td><td></td></tr>
<tr><td colspan="2">号发票</td><td colspan="2">号发票</td><td colspan="2"></td><td></td></tr>
<tr><td colspan="2">号发票</td><td colspan="2">号发票</td><td colspan="2"></td><td></td></tr>
<tr><td colspan="2">合计</td><td colspan="2"></td><td colspan="2"></td><td></td></tr>
<tr><td rowspan="2">审批</td><td>总经理</td><td>营销总监</td><td>销售部</td><td>人力资源部</td><td>财务部</td><td>办事处</td></tr>
<tr><td></td><td></td><td></td><td></td><td></td><td></td></tr>
</table>

4.24 销售部考核表（表4－24）

表4－24 销售部考核表

日期： 年 月 日

<table>
<tr><th>考核项目</th><th>权数</th><th colspan="2">计算</th><th>初核得分</th><th>核定得分</th></tr>
<tr><td>收款率</td><td>60</td><td colspan="2">当月收款/当月计划目标收款额×100%</td><td></td><td></td></tr>
<tr><td>销售额目标达成率</td><td>20</td><td colspan="2">当月实际销售额/计划销售额×100%</td><td></td><td></td></tr>
<tr><td>收款率</td><td>20</td><td colspan="2">1－（当月销售额－当月收款额）/当月销售额×100%</td><td></td><td></td></tr>
<tr><td>等级</td><td colspan="2"></td><td>合计得分</td><td></td><td></td></tr>
</table>

4.25 销售部经理考核表（表4－25）

表4－25 销售部经理考核表

指标类别	指标	分值	实际得分	备注
定性指标	1. 物流管理情况	5		
	2. 销售合同管理情况	5		
	3. 销售资金预算、费用控制、货款回收管理与考核情况	10		
	4. 营销通路日常管理情况	2		
	5. 销售业绩管理、分析与考核情况	5		
	6. 应收账款账期长短情况及坏账控制情况	3		
定量指标	1. 当月应收账款周转率	10		
	2. 当月存货周转率	10		
	3. 当月销售净利率	10		
	4. 当月销售目标完成率	10		
	5. 当月销售增减率	10		
	6. 当月销售回款增减率	10		
	7. 当月销售费用增长率	10		
合计		100		

4.26 销售主管考核表（表4-26）

表4-26 销售主管考核表

指标类别	指标	分值	实际得分	备注
定性指标	1. 营销政策实施情况	5		
	2. 营销企划案实施情况	5		
	3. 报表和业绩分析情况	10		
	4. 销售专员管理情况	10		
定量指标	1. 当月办事处应收账款周转率	10		
	2. 当月办事处存货周转率	10		
	3. 当月办事处销售净利率	10		
	4. 当月办事处销售目标完成率	10		
	5. 当月办事处销售增减率	10		
	6. 当月办事处销售回款增减率	10		
	7. 当月办事处销售费用增长率	10		
合计		100		

4.27 销售部主管考核表（表4－27）

表4－27　销售部主管考核表

日期：　年　月　日

姓名					初核	核定
考核项目		权数	得分		备注	
			一次	二次		
部门考核		60				
工作态度20	积极性	8				
	协调性	6				
	忠诚度	6				
职务能力20	计划能力	8				
	执行能力	6				
	开发能力	6				
合计得分			三次		等级	

4.28 销售专员考核表（表4－28）

表4－28　销售专员考核表

考核日期：

姓名				性别				到职日期		年　月　日			
出勤奖惩	迟到	旷职	产假	事假	病假	婚假	丧假	警告	小过	大过	嘉奖	小功	大功
	次	日	日	日	日	日	日	次	次	次	次	次	次
加扣分情况	－	－		－	－			－	－	－	＋	＋	＋

续表

考勤总体得分						
项目	考核内容	分数等级	自行评分	初核评分	复核评分	
目标达成	认真积极，目标均能迅速达成	10				初核评语
	工作努力，能完成目标	8				
	努力程度尚佳，目标达成率可称良好	6				
	目标达成率一般	4				
	目标达成待努力	1				
客户开拓	开拓能力极佳，说服力强，积极而有冲劲	10				
	开拓能力佳，说服力强，有冲劲	8				
	开拓能力尚佳，稍具冲劲	6				
	开拓能力尚可	4				
	开拓能力待加强	1				
调查能力	机警谨慎，深入调查，能掌握客户信用状况	10				
	能积极调查，博闻广见	8				
	在工作中能留意收集信息，掌握一般商业信息	6				
	缺乏信息收集的思想，掌握信息能力一般	4				
	草率，不能掌握，屡生事故	1				
协调合作	善于协调，能自动自发与人合作	10				
	乐意与人协调沟通，顺利达成任务	8				
	尚能与人合作，达成工作要求	7				
	协调不善，致使工作发生困难	4				
	无法与人协调，致使工作无法进行	2				

续表

专业知识	专业知识丰富，并能充分发挥，圆满完成任务	5				复核评语
	具有相当的专业知识，能顺利完成任务	4				
	具有一般的专业知识，能符合职责需要	3				
	专业知识不足，影响工作进展	2				
	缺乏专业知识，无成效可言	1				
责任感	积极的责任心，能彻底达成任务，可放心交付工作	5				
	具有责任心，能顺利完成任务，可以交付工作	4				
	尚有责任心，能如期完成任务	3				
	责任心不强，需有人督促方能完成工作	2				
	欠缺责任心，时时督促，也不能如期完成工作	1				
分析判断力	有高度的分析能力，能正确判断处理	5				
	有一定分析能力，也能正确判断	4				
	稍具分析能力，能凭经验判断	3				
	在有限的范围内，能自行判断	2				
	只有依靠指示才能正确执行	1				
工作态度	对工作甚感兴趣，认真积极	5				
	能接受批评指导，勇于改过	4				
	对工作尚积极，执行能力稍差	3				
	见异思迁，对工作不积极	2				
	漠视工作，懒散无度	1				

4.29 销售人员考核表（表4－29）

表4－29 销售人员考核表

日期： 年 月 日

姓名				初核	复核	核定	备注
考核项目		权数	计算	一次得分	二次得分	三次得分	
业绩贡献		60					
工作态度	积极性	10					
	协调性	8					
	忠诚度	7					
职务能力	计划能力	5					
	执行能力	5					
	开发能力	5					
等级			合计得分				

4.30 销售日报表（表4－30）

表4－30 销售日报表

制单人：

______年______月______日 中心营业室主任签字：

序号	客户名称	产品销售情况										
		数量	金额	数量	金额	数量	金额	数量	金额	数量	金额	数量
	合　计											

4.31 销售月报表（表4－31）

表4－31 销售月报表

_____年____月__日

类别： 制单人： 中心营业室主任签字：

应收款（元）	备注	单位	销售计划量	合同销售量	实际销售数量	任务完成比率（%）	计划销售金额	销售金额（元）	销售金额比率（%）
1									
2									
3									
…									
合　计									

4.32 销售年报表（表4－32）

表4－32 销售年报表

____________年________月________日

类别： 制单人： 中心营业室主任签字：

应收款（元）	备注	单位	销售计划量	合同销售量	实际销售数量	任务完成比率（%）	计划销售金额	销售金额（元）	销售金额比率%
1									
2									
3									
…									
合计									

4.33 销售业绩评估表（表4－33）

表4－33 销售业绩评估表

年　　月　　日

姓　　名		部　　门		负责区域	
销售业绩	•销售额____ •完成率____ •回款额____ •回款率______ •销售额净增量______ •回款额净增量________ •每月平均客户数______________ •每月新增客户数________ •每月失去的顾客数______ ____ •每月失去的销售额____________ •销售费用占预算的百分比______________				
服务质量	•客户投诉率________ •客户投诉满意率 __________ •执行营销制度情况　□差　□较差　□一般 □较好　□好　□很好				
财务部门评估意见	会计部经理/日期：				
销售部经理评估意见					
营销总监评估意见					
评估结果处理意见	销售部经理/日期：				
备　　注					

注：此表为月度表，在考核业务员工作绩效、进行述职活动时使用。

4.34 客户资料卡（表4－34）

表4－34 客户资料卡

客户名称			资金状况	往来银行		账号		编号
企业所在地				现金情况				
工厂所在地				资金周转				总号 账号 序号
子公司名称			付款情况	承办人付款				
负责人	法人			付款态度				
	厂长			付款日期				经营者 性格嗜好
	经办人			付款支票				
	实权者			使用支票				
公用电话			变更及其他登记	日期	搜集变更资料		登记事项	
业别		组别						经办付款人 性格嗜好
等级								
开始交易日期								
使用主要产品								
营业概况	营业项目							
	营业范围							
	营业性质							
	营业状况							
	销售能力							
	员工人数							备注
	营业旺季							
	最高购买							
	月均购买							

4.35 客户资料表（表4－35）

表4－35 客户资料表

填写日期：

<table>
<tr><td>客户</td><td colspan="2"></td><td>地址</td><td colspan="2"></td><td>电话</td><td></td></tr>
<tr><td colspan="8">经营者概况</td></tr>
<tr><td>姓名</td><td></td><td>性别</td><td></td><td>年龄</td><td></td><td>籍贯</td><td>住址</td></tr>
<tr><td>学历</td><td></td><td>语言</td><td></td><td>性情</td><td></td><td>品性</td><td>社会关系</td></tr>
<tr><td>配偶影响程度</td><td></td><td>其他职位</td><td></td><td>曾前科否</td><td></td><td>曾倒闭否</td><td></td></tr>
<tr><td>以往信誉</td><td colspan="7"></td></tr>
<tr><td>法人代表</td><td></td><td>实权者</td><td></td><td colspan="2">与经营者关系</td><td colspan="2"></td></tr>
<tr><td colspan="8">金融状况</td></tr>
<tr><td colspan="2">往来银行</td><td colspan="2">账号</td><td colspan="2">记事</td><td colspan="2">兑现情况</td></tr>
<tr><td colspan="2"></td><td colspan="2"></td><td colspan="2"></td><td colspan="2"></td></tr>
<tr><td colspan="8">资金状况：　丰裕　充足　紧张　短缺　危险</td></tr>
<tr><td colspan="8">付款情况</td></tr>
<tr><td colspan="8">付款态度：　爽快　普通　尚可　迟延　为难　欠款</td></tr>
<tr><td colspan="8">其他说明：</td></tr>
<tr><td colspan="8">经营概况</td></tr>
<tr><td colspan="2">经营方针</td><td colspan="6">1. 积极　2. 保守　3. 坚实　4. 平常　5. 零乱　6. 投机</td></tr>
<tr><td colspan="2">业务状况</td><td colspan="6">1. 兴隆　2. 渐盛　3. 常态　4. 衰退　5. 危险</td></tr>
<tr><td colspan="2">营业种类</td><td colspan="6"></td></tr>
<tr><td colspan="2">进货对象</td><td colspan="6">1. 牌占　%　2. 牌占　%　3. 牌占　%</td></tr>
<tr><td colspan="2">销售种类</td><td colspan="6">1. 门市　%　2. 机关　%　3. 批发　%　4. 其他　%</td></tr>
<tr><td colspan="2">销售范围</td><td colspan="6">1. 本地　2. 其他</td></tr>
<tr><td colspan="2">销售价格</td><td colspan="6">1. 合理　2. 略低　3. 略高　4. 削价</td></tr>
<tr><td colspan="2">营业性质</td><td colspan="6">1. 专营　2. 兼营</td></tr>
<tr><td colspan="2">每月平均销售实绩</td><td colspan="6"></td></tr>
<tr><td colspan="2">每月平均销售力</td><td colspan="6"></td></tr>
<tr><td rowspan="3">最高月额</td><td>进货</td><td colspan="2"></td><td rowspan="3">最低月额</td><td>进货</td><td colspan="2"></td></tr>
<tr><td>销售</td><td colspan="2"></td><td>销售</td><td colspan="2"></td></tr>
<tr><td>存货</td><td colspan="2"></td><td>存货</td><td colspan="2"></td></tr>
<tr><td colspan="8">一般概况</td></tr>
</table>

续表

组　　织	1. 独资 2. 合资 3. 股份公司
门市面积	1. 大 2. 中 3. 小
开业时间	年 月 日 、
门市布置	1. 好 2. 普通 3. 可以 4. 不好
仓　　库	1. 大 2. 中 3. 小 4. 无
退货习惯	1. 无 2. 合理 3. 不正常 4. 正常
财务管理	1. 佳 2. 普通 3. 恶劣 4. 无
存货管理	1. 佳 2. 可以 3. 一般 4. 劣
店　　铺	1. 自有 市价 2. 租用 租金
店　　址	1. 闹市 2. 商店街 3. 住宅街 4. 工矿区 5. 郊区
车　　辆	1. 轿车 2. 大卡车 3. 三轮车 4. 摩托车
同行业中地位	1. 领导力 2. 具影响力 3. 一流 4. 二流 5. 三流
员工情况	店员　名 / 推销员　名 / 修理员　名 / 临时工　名
对国际名牌认知程度	1. 了解 2. 略知 3. 熟知 4. 不知 5. 颇感兴趣

最近半年来实绩变化：以往每月平均实绩　　概况　　预测

与其他厂家的特殊关系：

保全关系

担保品	名称	所有权者	记　事	登记价格		实际价格	抵押手续
店保	商号	资本额	营业执照号	店址	负责人	身份证号	担保手续
个人保	姓名	身份证号	住　址		记　事		担保手续
经销合约							

资信机构提供资料	
结　论	
最高信用程度	

调查或填表者

1	2	3	4	5	6	7	8	9	

确认者

董事长		总经理		营销总监		销售经理		销售主管	

4.36 客户区域分析表（表4－36）

表4－36　客户区域分析表

区域	名称	经营性质	销售产品数量								

编制：　　　　　　　　填写：　　　　　　　　审核：

4.37 客户销售分析表（表4－37）

表4－37　客户销售分析表

年度：　　　　　　　　　　　　　　　　产品的类别：

产品 地址								合计
合计								

4.38 客户投诉记录卡（表4－38）

表4－38　客户投诉记录卡

投诉客户名称		地址	
受理日期	年　月　日	受理编号	
投诉事由			
客户希望（或要求）			
受理单位意见	质量管理单位	受理单位	营业单位

受理人：　　　　　　　　　　　　　　　　审核人：

4.39 客户投诉分析表（表4－39）

表4－39 客户投诉分析表

受理日期： 附件：
填表部门： 客户投诉编号：
填表人： 客户代号：
填写日期：

<table>
<tr><td>接单日期</td><td></td><td>接单人</td><td></td><td>客户名称</td><td></td><td>负责人</td><td></td></tr>
<tr><td>受订编号</td><td></td><td>制造单位</td><td></td><td>地　址</td><td></td><td>存货地址</td><td></td></tr>
<tr><td>交运编号</td><td></td><td>料　号</td><td></td><td>联络人</td><td></td><td>电　话</td><td></td></tr>
<tr><td>交货日期</td><td></td><td>单　价</td><td></td><td>客户投诉方式</td><td colspan="3">□电话 □书信 □其他</td></tr>
<tr><td>交货数量</td><td></td><td>交货金额</td><td colspan="2"></td><td colspan="2">不良数量</td><td></td></tr>
<tr><td>发票日期</td><td></td><td>发票号码</td><td></td><td colspan="2" rowspan="1">产品用于</td><td colspan="2">□内销□外销□合作外销□其他</td></tr>
<tr><td>本批货款</td><td colspan="3">□已全部收回 □部分收回
□尚未收回 □其他</td><td colspan="2">客户有无质量确认</td><td colspan="2">□有 □无</td></tr>
<tr><td>本批货品</td><td colspan="3">□已经使用 □部分使用
□尚未使用 □其他</td><td colspan="2">产品名称</td><td colspan="2"></td></tr>
<tr><td>发现本批客户投诉系客户在</td><td colspan="3">□入库时 □生产线上
□制成品
□出口后遭客户投诉
□其他</td><td colspan="4">本次客户投诉是本年度第______次客户投诉
协调后拟
□退回。数量____，金额____
□补送。数量____，金额____
□重修。数量____，金额____
□折让。数量_____，金额____
□索赔。数量____，金额____</td></tr>
<tr><td>客户发现日期</td><td colspan="3"></td><td colspan="2" rowspan="2">客户投诉比率</td><td colspan="2" rowspan="2"></td></tr>
<tr><td>客户反映日期</td><td colspan="3"></td></tr>
<tr><td colspan="4">投诉内容</td><td colspan="2">市场营销部主管意见</td><td colspan="2">市场营销部经理意见</td></tr>
<tr><td colspan="4"></td><td colspan="2"></td><td colspan="2"></td></tr>
</table>

续表

<table>
<tr><td colspan="8">质量管理部门检验分析及异常判定</td></tr>
<tr><td colspan="6" rowspan="3"></td><td>部门经理</td><td></td></tr>
<tr><td>科　长</td><td></td></tr>
<tr><td>经办人</td><td></td></tr>
<tr><td colspan="4">制造部门异常原因分析及改善对策</td><td colspan="3">制造部门意见</td><td></td></tr>
<tr><td colspan="4"></td><td>制造经理</td><td colspan="2"></td><td></td></tr>
<tr><td colspan="4" rowspan="2"></td><td>科　长</td><td></td><td colspan="2" rowspan="2"></td></tr>
<tr><td>经办人</td><td></td></tr>
<tr><td colspan="4">研发部门意见</td><td colspan="4">市场营销部门处理意见</td></tr>
<tr><td>研发经理</td><td colspan="3"></td><td colspan="2">销售经理</td><td colspan="2"></td></tr>
<tr><td>经办人</td><td colspan="3"></td><td colspan="2">经办人</td><td colspan="2"></td></tr>
<tr><td colspan="2">总经理室综合意见</td><td colspan="6">市场营销部门处理结果</td></tr>
<tr><td>总经理</td><td></td><td colspan="2">销售经理</td><td colspan="4"></td></tr>
<tr><td>经办人</td><td></td><td colspan="2">经办人</td><td colspan="4"></td></tr>
<tr><td>总经理</td><td>副总经理</td><td colspan="6">责任归属</td></tr>
<tr><td rowspan="2"></td><td rowspan="2"></td><td>单位</td><td>比率</td><td>金额</td><td>结案日期</td><td colspan="2">销案日期</td></tr>
<tr><td></td><td></td><td></td><td></td><td colspan="2"></td></tr>
</table>

4.40 客户投诉处理表（表4-40）

表4-40 客户投诉处理表

填写日期：

<table>
<tr><td>客户</td><td></td><td>订单编号</td><td></td><td>制造部门</td><td></td><td>交运日期
及编号</td><td></td></tr>
<tr><td colspan="3">品名及规格</td><td>单位</td><td colspan="2">交货数量</td><td colspan="2">金额</td></tr>
<tr><td colspan="3"></td><td></td><td colspan="2"></td><td colspan="2"></td></tr>
<tr><td colspan="3"></td><td></td><td colspan="2"></td><td colspan="2"></td></tr>
<tr><td rowspan="3">投诉
内容</td><td>投诉理由</td><td colspan="2"></td><td>投诉者情况</td><td colspan="3"></td></tr>
<tr><td>客户要求</td><td colspan="6">□赔款____元 □折价（%） □退货，数量____ □其他</td></tr>
<tr><td>经办人意见</td><td colspan="2"></td><td>签字</td><td colspan="3"></td></tr>
<tr><td colspan="2">销售人员意见</td><td colspan="6"></td></tr>
<tr><td colspan="2">销售部意见</td><td colspan="6"></td></tr>
<tr><td colspan="2">制造部门意见</td><td colspan="6"></td></tr>
<tr><td colspan="2">质检部门意见</td><td colspan="6"></td></tr>
<tr><td colspan="2">财务部门意见</td><td colspan="6"></td></tr>
<tr><td colspan="2">副总经理批示</td><td colspan="6"></td></tr>
<tr><td colspan="2">总经理批示</td><td colspan="6"></td></tr>
</table>

4.41 投诉处理记录表（表 4-41）

表 4-41 投诉处理记录表

<table>
<tr><th>日期</th><th>编号</th><th>承办主管</th><th>查证人</th><th>承办人</th><th>填表</th></tr>
<tr><td></td><td></td><td></td><td></td><td></td><td></td></tr>
<tr><td rowspan="2">投诉者</td><td>公司名称</td><td colspan="2"></td><td>姓名</td><td></td></tr>
<tr><td>地址</td><td colspan="2"></td><td>电话</td><td></td></tr>
<tr><td rowspan="2">投诉标的</td><td>品名</td><td></td><td>数量</td><td>金额</td><td></td></tr>
<tr><td>项目</td><td colspan="2"></td><td>其他</td><td></td></tr>
<tr><td rowspan="2">双方意见</td><td>对方意见</td><td colspan="4"></td></tr>
<tr><td>本方意见</td><td colspan="4"></td></tr>
<tr><td rowspan="2">调查</td><td>调查项目
及结果</td><td colspan="4"></td></tr>
<tr><td>调查判定</td><td colspan="4"></td></tr>
<tr><td>暂定</td><td></td><td colspan="4"></td></tr>
<tr><td>最后对策</td><td></td><td colspan="4"></td></tr>
<tr><td>发生的原因</td><td colspan="5">□填发的错误 □设计的错误 □材料的错误 □原料的错误
□作业的错误 □检查的错误 □使用已久 □处理时不小心
□使用不当 □其他</td></tr>
<tr><td>情节程度</td><td colspan="5">□重大 □中等 □轻微</td></tr>
<tr><td>备 注</td><td colspan="5"></td></tr>
</table>

4.42 投诉处理报告表（表4－42）

表4－42 投诉处理报告表

填写日期：

<table>
<tr><td>报告人</td><td colspan="2"></td><td>签章</td><td></td></tr>
<tr><td>投诉受理日</td><td colspan="4">年　　月　　日上午、下午　　　时　分</td></tr>
<tr><td>投诉受理者</td><td colspan="4">□信　□传真　□电话　□采访　□店内</td></tr>
<tr><td>投诉内容</td><td colspan="4">□品质　□数量　□货期　□态度　□服务　□其他</td></tr>
<tr><td>投诉见证人</td><td colspan="4"></td></tr>
<tr><td>地址</td><td colspan="4"></td></tr>
<tr><td>处理紧急程度</td><td colspan="4">□特急　□急　□普通</td></tr>
<tr><td>承办人</td><td colspan="4"></td></tr>
<tr><td>处理日</td><td colspan="4"></td></tr>
<tr><td>处理内容</td><td colspan="4"></td></tr>
<tr><td>费　用</td><td colspan="4"></td></tr>
<tr><td>保　障</td><td colspan="4"></td></tr>
<tr><td>原因调查会议</td><td colspan="4"></td></tr>
<tr><td>原因调查人员</td><td colspan="4"></td></tr>
<tr><td>原　因</td><td colspan="4">□严重原因　□偶发原因　□疏忽大意　□不可抗拒原因</td></tr>
<tr><td>记载事项</td><td colspan="4"></td></tr>
<tr><td>检　讨</td><td colspan="4"></td></tr>
</table>

4.43 客户投诉处理通知单（表 4－43）

表 4－43　客户投诉处理通知单

<table>
<tr><td>客户名称或姓名</td><td colspan="3"></td></tr>
<tr><td>订单编号</td><td></td><td>问题发生单位</td><td></td></tr>
<tr><td>订购日期</td><td></td><td>制造日期</td><td></td></tr>
<tr><td>索赔数量</td><td></td><td>制单号码</td><td></td></tr>
<tr><td colspan="2" rowspan="2">索赔金额</td><td>订购数量</td><td></td></tr>
<tr><td>处理期限</td><td></td></tr>
<tr><td rowspan="2">发生原因
及调查结果</td><td>客户要求</td><td colspan="2">□退货　□退换　□打折　□到客户处更换产品　□其他</td></tr>
<tr><td>市场营销部观察结果</td><td colspan="2"></td></tr>
<tr><td rowspan="2">处理及企业对策</td><td>企业对策实施要领</td><td colspan="2"></td></tr>
<tr><td>对策实施确认</td><td colspan="2"></td></tr>
</table>

4.44 客户投诉案件追踪表（表 4－44）

表 4－44　客户投诉案件追踪表

填写日期：

件数		1	2	3	4	5	6	7	8	9			
受理	日期												
	字号												
客　户													
交货单编号													
品名规格													

续表

件数		1	2	3	4	5	6	7	8	9			
交运	日期												
	数量												
	金额												
不良数量													
客户投诉内容													
制造部门													
处理方式													
损失金额													
责任归属	部门												
	比率(%)												
个人惩处	姓名												
	类别												
处理时效	收件												
	质管部门												
	会签部门												
	市场营销部门												
	总经理室												
	结案												
	合计												
督促记录(日期文号)													
结案编号													

4.45 客户投诉案件统计表（表4-45）

表4-45 客户投诉案件统计表

投诉		客户	品名规格	交运日期		不良品数量	客户投诉内容	责任单位	处理方式			损失金额	备注
日期	编号			日期	数量				赔款	退货	折价		

4.46 店铺销售明细表（表4-46）

表4-46 店铺销售明细表

店名		地区		日期		天气	
订单号	商品	型号	颜色	数量	单价	实销价格	备注
合计							

4.47 店铺奖金核定表（表4－47）

表4－47 店铺奖金核定表

<table>
<tr><td>本月营业额</td><td></td><td>本月净利润</td><td></td><td>利润率</td><td></td></tr>
<tr><td>可得奖金</td><td></td><td>调整比率</td><td></td><td>应发奖金</td><td></td></tr>
<tr><td rowspan="4">奖金核定</td><td>部门</td><td>姓名</td><td colspan="2">工作业绩</td><td>奖金</td></tr>
<tr><td></td><td></td><td colspan="2"></td><td></td></tr>
<tr><td></td><td></td><td colspan="2"></td><td></td></tr>
<tr><td></td><td></td><td colspan="2"></td><td></td></tr>
<tr><td rowspan="4">奖励标准</td><td colspan="3">完成销售额</td><td colspan="2">奖金</td></tr>
<tr><td colspan="3"></td><td colspan="2"></td></tr>
<tr><td colspan="3"></td><td colspan="2"></td></tr>
<tr><td colspan="3"></td><td colspan="2"></td></tr>
</table>

4.48 店铺商品盘点表（表4－48）

表4－48 店铺商品盘点表

店铺：　　　　　　　　　　　　　　　　盘点日期：　年　月　日

类别	名称	型号	单价	数量	单位	盘点数	差异数	复盘数	盘点人	备注

4.49 店铺业绩考核表（表4－49）

表4－49　店铺业绩考核表

<table>
<tr><td>考核时间</td><td></td><td>考核店铺</td><td></td><td>考核人</td><td></td></tr>
<tr><td colspan="2">考核内容</td><td colspan="4" rowspan="2">评分</td></tr>
<tr><td>考核项目</td><td>考核指标</td></tr>
<tr><td rowspan="7">业绩类指标</td><td>营业额达成率</td><td colspan="4"></td></tr>
<tr><td>营业额增长率</td><td colspan="4"></td></tr>
<tr><td>毛利率</td><td colspan="4"></td></tr>
<tr><td>营业费用率</td><td colspan="4"></td></tr>
<tr><td>每平方米销售额</td><td colspan="4"></td></tr>
<tr><td>库存周转天数</td><td colspan="4"></td></tr>
<tr><td>商品损耗率</td><td colspan="4"></td></tr>
<tr><td rowspan="3">管理类指标</td><td>店铺费用控制</td><td colspan="4"></td></tr>
<tr><td>员工培训计划完成率</td><td colspan="4"></td></tr>
<tr><td>安全事故发生次数</td><td colspan="4"></td></tr>
</table>

4.50 渠道开发进度表（表4－50）

表4－50　渠道开发进度表

渠道专员：

序号	开发步骤	进度日期									
1	寻找新开发客户资料										
2	取得联系并初步电话联系										
3	初步拜访										

续表

序号	开发步骤	进度日期									
4	产生意向										
5	报价										
6	渠道主管审核										
7	渠道经理审核										
8	具体沟通										
9	签订合同										

4.51 渠道关系加强对策表（表4－51）

表4－51　渠道关系加强对策表

对策 客户	推动的影响力	同竞争者间的关系	本企业负责人员	强化对策	时间表	备注
总经理						
副总经理						
相关负责人						
财务经理						
其他人员						
备注						

4.52 渠道成员订货方法表（表4－52）

表4－52 渠道成员订货方法表

渠道成员名称						
需要提前多少天订货						
电话订货是否必须先发出订货单						
是否需要先支付现金，若是，请说明支付多少						
是否要亲自上门提货						
是否需要签订订货合同						
是否可以退回销售不出的货品						
是否可以退回残次品						

4.53 渠道成员注册登记表（表4－53）

表4－53 渠道成员注册管理表

<table>
<tr><td colspan="2">经销商编号</td><td colspan="4"></td><td colspan="2">归档编号</td><td colspan="5"></td></tr>
<tr><td rowspan="4">基本资料</td><td>企业全称</td><td colspan="5"></td><td colspan="3">企业成立时间</td><td colspan="3"></td></tr>
<tr><td>联系电话</td><td></td><td colspan="2">传真</td><td colspan="2"></td><td colspan="3">电子邮件</td><td colspan="3"></td></tr>
<tr><td>营业地址</td><td colspan="8"></td><td colspan="2">邮编</td><td></td></tr>
<tr><td>收货地址</td><td colspan="8"></td><td colspan="2">联系人</td><td></td></tr>
<tr><td rowspan="4">资信情况</td><td>上级主管部门</td><td colspan="2"></td><td colspan="3">税号</td><td colspan="6"></td></tr>
<tr><td>开户行</td><td colspan="2"></td><td colspan="3">账号</td><td colspan="6"></td></tr>
<tr><td>经营性质</td><td colspan="2"></td><td colspan="3">注册资金</td><td colspan="2"></td><td colspan="2">固定资产</td><td colspan="2"></td></tr>
<tr><td>流动资金</td><td colspan="2"></td><td colspan="5">可用资金</td><td colspan="4"></td></tr>
</table>

续表

人员情况	企业法人		性别		身份证号		联系电话	
	总经理姓名		性别		身份证号		联系电话	
	主要联系人		性别		身份证号		联系电话	
	企业总人数		管理人员数		财务人员数			
	销售人员数		技术人员数		服务人员数			
	现主营产品							
	经营方式	□行业销售		□个人市场零售		□批发		□其他
	主要客户群							
	主要销售区域							
	店面地点							
渠道专员意见								
渠道经理意见								
总经理意见								

4.54 渠道成员专卖店卖场建设申报资料表（表4－54）

表4－54 渠道成员专卖店卖场建设申报资料表

此处贴店面照片						
店　名				电　话		
地　址				E－mail		
签约时间			签约量		协议编号	
主要人员	店长		地址		电话	
	店员		地址		电话	
	店员		地址		电话	
	店员		地址		电话	

4.55 渠道成员专卖建设基金申报表（表4-55）

表4-55 渠道成员专卖建设基金申报表

<table>
<tr><td>分货商</td><td colspan="4"></td><td>电话</td><td colspan="2"></td></tr>
<tr><td>地址</td><td colspan="4"></td><td>E-mail</td><td colspan="2"></td></tr>
<tr><td rowspan="6">专卖店
建设情况</td><td>序号</td><td>店名</td><td>样品</td><td>门头</td><td>背景墙</td><td>展台</td><td>评定结果</td></tr>
<tr><td>1</td><td></td><td></td><td></td><td></td><td></td><td></td></tr>
<tr><td>2</td><td></td><td></td><td></td><td></td><td></td><td></td></tr>
<tr><td>3</td><td></td><td></td><td></td><td></td><td></td><td></td></tr>
<tr><td>…</td><td></td><td></td><td></td><td></td><td></td><td></td></tr>
<tr><td></td><td></td><td></td><td></td><td></td><td></td><td></td></tr>
<tr><td colspan="2">建店总数</td><td colspan="6"></td></tr>
<tr><td colspan="2">合格店面</td><td colspan="6"></td></tr>
<tr><td colspan="2">合格率</td><td colspan="6"></td></tr>
<tr><td colspan="2">渠道主管意见</td><td colspan="6"></td></tr>
<tr><td colspan="2">渠道经理意见</td><td colspan="6"></td></tr>
<tr><td colspan="2">总经理意见</td><td colspan="6"></td></tr>
</table>

4.56 渠道成员专卖店建设验收标准（表4-56）

表4-56 渠道成员专卖店建设验收标准

<table>
<tr><th>编号</th><th colspan="3">项目标准</th></tr>
<tr><td rowspan="3">1</td><td rowspan="3">建设项目标准</td><td>服务商自营店</td><td></td></tr>
<tr><td>特约经销商</td><td></td></tr>
<tr><td></td><td></td></tr>
</table>

续表

<table>
<tr><th>编号</th><th colspan="3">项目标准</th></tr>
<tr><td rowspan="5">2</td><td rowspan="5">建设质量标准</td><td>门前标识</td><td></td></tr>
<tr><td>背景墙</td><td></td></tr>
<tr><td>展台</td><td></td></tr>
<tr><td>样品</td><td></td></tr>
<tr><td></td><td></td></tr>
<tr><td rowspan="3"></td><td rowspan="3">…</td><td></td><td></td></tr>
<tr><td></td><td></td></tr>
<tr><td></td><td></td></tr>
</table>

4.57 渠道业绩统计表（表4－57）

表4－57 渠道业绩统计表

单位：万元

月 年	1	2	3	4	5	6	7	8	9	10	11	12	合计

4.58 办事处经理关键业绩指标考核表（表4－58）

表4－58　办事处经理关键业绩指标考核表

关键业绩指标	要求目标				绩效	远超目标	超过目标	达到目标	未达目标	权重	得分
	月度	季度	半年	年度		（100～90分）	（90～70分）	（70～60分）	（60～0分）		
销额完成率	100%	100%	100%	100%						18%	
销量完成率	100%	100%	100%	100%						18%	
产品组合完成率		100%	100%	100%						8%	
回款率		85%	95%	99%						30%	
新行业拓展率		≥35%	≥35%	≥35%						3%	
新客户拓展率	≥50%	≥50%	≥50%	≥50%						3%	
销售预测准确率	≥70%	≥70%	≥70%	≥70%						5%	
业务费用率	58%	58%	58%	58%						8%	
客户投诉次数	0	0	0	0						2%	
投诉处理满意率	100%	100%	100%	100%						2%	
报表上交及时准确率	100%	100%	100%	100%						3%	

撰写人＿＿＿＿＿＿　初审人＿＿＿＿＿＿　核准人＿＿＿＿＿＿　日　期＿＿＿＿＿＿

4.59 大区经理关键业绩指标考核表（表4－59）

表4－59　大区经理关键业绩指标考核表

关键业绩指标	要求目标				绩效	远超目标	超过目标	达到目标	未达目标	权重	得分
	月度	季度	半年	年度		(100～90分)	(90～70分)	(70～60分)	(60～0分)		
销额完成率	100%	100%	100%	100%						15%	
销量完成率	100%	100%	100%	100%						15%	
产品组合完成率		100%	100%	100%						5%	
回款率		85%	95%	99%						30%	
利润率	2.14%	2.14%	2.14%	2.14%						8%	
新行业拓展率		≥35%	≥35%	≥35%						6%	
新客户拓展率	≥50%	≥50%	≥50%	≥50%						3%	
销售预测准确率	≥70%	≥70%	≥70%	≥70%						5%	
费用率	0.47%	0.47%	0.47%	0.47%						8%	
客户投诉次数	0	0	0	0						2%	
投诉处理满意率	100%	100%	100%	100%						2%	
报表上交及时准确率	100%	100%	100%	100%						3%	

撰写人＿＿＿＿＿　初审人＿＿＿＿＿　核准人＿＿＿＿＿　日期＿＿＿＿＿